Nojin Malla Mirza

Dialogische Ansätze in der Arbeitslosenberatung

Eine empirische Studie zu Grenzen und Perspektiven

AF865615

DIALOGISCHES LERNEN

Herausgegeben von Cornelia Muth

ISSN 1614-4643

6 *Stephan J. Harms*
Menschenbilder und Typologie
Kategorien neurotischer Motivationsstrukturen als Orientierungshilfe in der sozialen Arbeit
Chancen und Risiken
ISBN 3-89821-703-5

7 *Susanne Mariyam Hüser-Granzow*
Kunst statt Strafe
Eine dialogische Betrachtung der ästhetischen Arbeit in der Sozialen Arbeit am Beispiel einer Bildhauerwerkstatt für straffällig gewordene Jugendliche
ISBN 978-3-89821-747-7

8 *Thomas Schwenk*
Sport und Bewegungserziehung in der Suchtarbeit
Sozialpädagogische und dialogisch-philosophische Aspekte in der Suchtprävention und Behandlung von Kindern und Jugendlichen
ISBN 978-3-89821-785-9

9 *Cornelia Muth*
Hilfe, ich bin mobil und heimatlos!
Zur Hauslosigkeit postmoderner Menschen
Mit einem Beitrag von Jan Großewinkelmann und Zeichnungen von Miriam Helfer
ISBN 978-3-89821-880-1

10 *Tanja Dräger*
Gender Mainstreaming im Kindergarten
ISBN 978-3-89821-869-6

11 *Dörthe Sontag*
Die modernen Kommunikationsmittel und das Dialogische Prinzip
Bedrohung und Chance für unser Menschsein?
Eine dialogphilosophische Reflexion unserer zwischenmenschlichen Beziehungen im Zeitalter der Mediatisierung
ISBN 978-3-89821-893-1

12 *Isabel Diener*
Lehren und Lernen in offenen Arbeitsformen
Eine Diskussion über die Verwendung von offenen Arbeitsformen im Unterricht am Beispiel einer Pädagogik der Menschenrechte
ISBN 978-3-89821-976-1

13 *Cornelia Muth (Hrsg.)*
„dann kann man das ja auch mal so lösen!"
Auswertungsinterviews mit Kindern und Jugendlichen nach Trainings zur Gewaltfreien Kommunikation
ISBN 978-3-8382-0120-7

14 *Cornelia Muth*
Der Mensch zwischen Gut und Böse
Mit Texten von Martin Buber über das Böse nachsinnen
ISBN 978-3-8382-0340-9

15 *Cornelia Muth*
Von der interkulturellen Erfahrung zur transkulturellen Begegnung – und zurück
ISBN 978-3-8382-0350-8

16 *Cornelia Muth (Hrsg.)*
Ein Wegweiser zur dialogischen Haltung
Dialogische Praxisforschung in Arbeitsfeldern von Sozialer Arbeit und Pädagogik der Kindheit
ISBN 978-3-8382-0520-5

17 *Stefan Bockshecker, Dejan Kibbert*
Profession und Haltung in der Sozialen Arbeit
ISBN 978-3-8382-0789-6

18 *Nicole Pankoke, Silvia Röben*
Grenz-Räume dialogischer Bildung
Zwei Denkbewegungen
ISBN 978-3-8382-0798-8

Nojin Malla Mirza

DIALOGISCHE ANSÄTZE IN DER ARBEITSLOSENBERATUNG

Eine empirische Studie zu Grenzen und Perspektiven

ibidem
Verlag

Bibliografische Information der Deutschen Nationalbibliothek
Die Deutsche Nationalbibliothek verzeichnet diese Publikation in der Deutschen Nationalbibliografie; detaillierte bibliografische Daten sind im Internet über http://dnb.d-nb.de abrufbar.

Bibliographic information published by the Deutsche Nationalbibliothek
Die Deutsche Nationalbibliothek lists this publication in the Deutsche Nationalbibliografie; detailed bibliographic data are available in the Internet at http://dnb.d-nb.de.

ISBN-13: 978-3-8382-1437-5
© ***ibidem***-Verlag, Stuttgart 2020
Alle Rechte vorbehalten

Das Werk einschließlich aller seiner Teile ist urheberrechtlich geschützt. Jede Verwertung außerhalb der engen Grenzen des Urheberrechtsgesetzes ist ohne Zustimmung des Verlages unzulässig und strafbar. Dies gilt insbesondere für Vervielfältigungen, Übersetzungen, Mikroverfilmungen und elektronische Speicherformen sowie die Einspeicherung und Verarbeitung in elektronischen Systemen.

All rights reserved. No part of this publication may be reproduced, stored in or introduced into a retrieval system, or transmitted, in any form, or by any means (electronical, mechanical, photocopying, recording or otherwise) without the prior written permission of the publisher. Any person who does any unauthorized act in relation to this publication may be liable to criminal prosecution and civil claims for damages.

Printed in the EU

Vorwort

Wie entscheidend eine Dialogische Beratungshaltung beim professionellen Handeln sein kann, belegt die Forschungsarbeit von Frau Nojin Malla Mirza: Die vorliegende empirische Forschung betrachtet die Beratungspraxis in einem Jobcenter und stellt heraus, wie unterstützend die ethische Position eines Zwischens zwischen Kontrolle und Hilfe für Beratende sein kann.

Frau Malla Mirza deckt mit feinem Gespür die institutionellen Hindernisse im System, aber auch bei den BeraterInnen auf. Ihre Analyse ist der Beratungspraxis ist detailreich und scharfsinnig. Vorbildlich reflektiert die Autorin auch ihre eigene Position als Forscherin.

Frau Malla Mirza ist eine wache, aufmerksame, tiefsinnige und engagierte Forscherin. Sie war und ist eine Dialogische Bereicherung im wahrsten Sinne des Wortes: Sie schenkt der Anderheit Vertrauen!

Prof. Dr. Cornelia Muth
Bielefeld, März 2020

Inhalt

1 Einführung

Die Beratung von Arbeitslosen gehört zu den bekannten Handlungsfeldern beraterischer Tätigkeit in Deutschland. Für die Sicherstellung dieser Tätigkeit sind die Jobcenter in Trägerschaft der Kommunen und die Arbeitsagenturen zuständig. Die Jobcenter sind für die Verringerung der Arbeitslosigkeit verantwortlich. Anlehnend daran findet die Beratung im Jobcenter statt. Die Beratung gewann mit einer Gesetzesänderung im Jahre 2016 an Bedeutung. Die Beratungsarbeit ist in der Grundsicherung nach dem zweiten Sozialgesetzbuch eine wesentliche Aufgabe der Jobcenter geworden. Die vollzogene Ergänzung in § 1 Abs. 3 SGB II führte zu einer bedeutsamen Wende in der Umsetzung von Beratungsarbeit in Jobcentern: Die Signifikanz der Beratungsarbeit für die Zielumsetzung, Verringerung der Arbeitslosenquote, ist anerkannt worden. Ebenso wird individualisierte Beratung als Ansatz für die Gewährleistung bzw. Förderung eines menschenwürdigen Lebens definiert (vgl. Molle, 2019; Grimmer, 2018; Kantel, 2008; Zahradnik, 2018).

Die Erwartungsansätze an die Beratung von Arbeitslosen sind aus den Gesetzen eindeutig zu entnehmen. Ihnen liegt jedoch kein konkretes Beratungsverständnis zugrunde. Deshalb werden die offenen Entfaltungs- und Umsetzungsmöglichkeiten von Beratung häufig problematisiert. Denn ein einheitliches Beratungskonzept oder qualitätssichernde Beratungskompetenzen gibt es nicht. Es fehlt an einem einheitlichen Berufsbild, an dem sich die Personalauswahl orientieren könnte. Zwar hat die Gesetzgebung im Jahr 2010 ein Beratungskonzept für die Grundsicherungsberatung entwickelt und evaluiert, dies ist jedoch nur für die Arbeitsagenturen verpflichtend – nicht aber für die Jobcenter (ebd.).

Darüber hinaus gibt es keine allgemeingültige Definition für Beratung. Um eine konkrete Ausgangsbasis zu schaffen, ist es deshalb sinnvoll, den Beratungsbegriff zunächst arbeitsfeldunabhängig aus mehreren Perspektiven auszulegen.

Nach Duden wird Beratung als Besprechung oder Erteilung von Auskünften definiert. Zusätzlich wird darunter verstanden, einer Person Rat zu geben (vgl. Duden). Diese Definition stellt Beratung als einseitige Gabe von Mitteilungen ohne einen sozial interaktiven Charakter dar. Eine weitere Definition berücksichtigt den sozialen Charakter von Beratung als Interaktionsgeschehen.

Beratung wird auch als eine zielorientierte Interaktion zwischen BeraterInnen und zu Beratenden verstanden, die sich auf dialogischer Basis mit Belangen und Bedürfnissen der KlientInnen befasst. Dieser Definition nach handelt es sich bei Beratung um fokussierte Gespräche, bei der die daran Beteiligten sich über ein Ziel verständigen und es gemeinsam anstreben. Eine orientierungsfördernde Haltung in der Beratung ist erforderlich, wenn die Betroffenen sich in unüberschaubaren Situationen befinden oder komplexe Entscheidungen treffen sollen. Auch in der Arbeitslosenberatung geht es um Menschen, die mit mehreren Problemen konfrontiert sind. Ziele der Arbeitslosenberatung können die Verbesserung beruflicher Qualifikation oder die Verbesserung von Bewerbungsstrategien sein. Damit wird Beratung als soziales, aufeinander bezogenes Handeln verstanden und beinhaltet auch Erwartungshaltungen beider GesprächspartnerInnen. In diesem Kontext hat die Inanspruchnahme von Beratung einen freiwilligen Charakter (vgl. Göckler, 2014; Guggemos & Müller u. a., 2014; Sowa & Stapels, 2017).

In der Arbeitslosenberatung kommen noch andere Aspekte hinzu. So sollen Arbeitslose im Beratungsprozess bei ihrer Arbeitssuche unterstützt, aber auch kontrolliert werden. Dafür müssen regelmäßig Beratungsgespräche stattfinden, was zu einer Form der Zwangsberatung führt. Erst mit der Wahrnehmung des Beratungsangebots werden finanzielle Leistungsansprüche zugesichert – bei einer Nicht-Inanspruchnahme der Beratungsgespräche droht die Abweisung. Die Beratung wird als Mitwirkungspflicht definiert (vgl. Molle, 2019).

Auf den ersten Blick erweckt der Beratungsprozess den Eindruck einer durch Gesetze schematisierten, geregelten Beratung. Böhringer (2012) stellte in ihrer qualitativ angelegten Studie jedoch fest, dass die Beratungsgespräche und ihre Kommunikationsform in den Jobcentern keinen einheitlichen Schemata folgen. Es lassen sich sowohl stark formalisierte Gesprächsformen wie bei einer Rechtsfolgebelehrung als auch lässige, formlose Gesprächsarten über die Umsetzung und Realisierbarkeit von Zielen finden. Zusammenfassend kann gesagt werden, dass Beratungsinteraktionen in Jobcentern verschiedene Charaktereigenschaften aufweisen: Die amtlich regelgeleitete Umgangsform und die alltagsnahe beziehungsorientierte Umgangsform (vgl. Böhringer, 2012).

Im Gegensatz hierzu betonen andere Autoren die konfliktreichen, problematischen und stark formalisierten Beratungsgespräche in den Jobcentern. Sie äußern Bedenken über die alltagsnahe Durchführung von Beratungsgesprächen in Jobcentern (vgl. Göckler, 2009; Molle, 2019; Bolte & Göbel u.a., 2012; Sowa, 2017; Schnoor, 2013).

Die komplexe Beratungssituation, in der sich die BeraterInnen befinden, entsteht durch die Vielfältigkeit der zu behandelnden Themen im Jobcenter. Es können die Gesundheit, die familiäre Situation, die Berufsbiografie usw. der zu Beratenden behandelt werden (vgl. Göckler, 2009). Damit trotz des formalisierten Rahmens der komplexen zu behandelnden Themen eine gelingende Beratung durchgeführt werden kann, ist die Arbeitsbeziehung zwischen BeraterInnen und zu Beratenden ein relevanter Wirkfaktor. Eine positive Beratungsbeziehung ist ein wesentlicher Ansatz für die Hervorbringung und Bearbeitung von Beratungsthemen sowie für die gemeinsame Festlegung und Erreichung von Zielen (vgl. Molle, 2019; Hielscher & Ochs, 2011).

Hieraus lässt sich ableiten, dass eine positive Arbeitsbeziehung in der Arbeitslosenberatung die wesentliche Grundlage für jede Zusammenarbeit darstellt. Auch Sowa (2017) sieht den dialogischen Beratungsumgang und die Berücksichtigung der Perspektive der zu Beratenden als Voraussetzungen für wirksame beraterische Unterstützung. Daraus folgt auch für die Beratung von Arbeitslosen, dass BeraterInnen dazu angehalten sind, die Bewältigungsleistungen der LeistungsbezieherInnen wahr- und ernst zu nehmen (vgl. Sowa & Stapels, 2017).

Auch die Beratungsarbeit des Jobcenter XY, die Gegenstand dieser Studie ist, vertritt diese Annahme und bestätigt sie durch das Beratungsverständnis. Dabei hat die Beziehungsarbeit zwischen BeraterInnen und zu Beratenden eine hohe Relevanz. Im Mittelpunkt der Beratungsarbeit steht die Zusammenarbeit mit den zu Beratenden. Ausgehend hiervon werden verschiedene Haltungen bzw. Umgangsweisen für erfolgreiche Beratung an das Personal herangetragen. Im Beratungsleitbild wird für eine wertschätzende, offene und unvoreingenommene Begegnung auf Augenhöhe mit den LeistungsempfängerInnen plädiert. Die BeraterInnen sollen Interesse an den einzelnen zu Beratenden aufbringen und ihren Fokus auf Stärkenorientierung legen. Das Beratungskonzept des Jobcenters legt ein Beratungsphasenmodell fest, an dem sich die BeraterInnen orientieren müssen. Es beinhaltet mehrere Phasen, die im Zyklus durchlaufen werden sollen. Dabei wird anhand von Kategorien, die die Entwicklungsbedarfe der zu Beratenden erheben und feststellen lassen, beraten. Das Jobcenter XY zeigt an dieser Stelle eine Widersprüchlichkeit zwischen dem Verständnis und dem Konzept der Beratungsarbeit auf. Es wird eine offene, dialogische Haltung anhand konkret zu erhebender Ressourcenkategorien erwartet.

Die vorgeführten Haltungen im Beratungsverständnis weisen eine eindeutige Dialogorientierung auf. Es lassen sich etliche Übereinstimmungen mit dem dialogorientierten Beratungsverständnis feststellen. Ein dialogorientierter Ansatz geht von einer offenen, unvoreingenommenen Begegnung mit den GesprächspartnerInnen aus. Auch eine wertschätzende, bestätigende Begegnung auf Augenhöhe soll im Sinne eines Dialogs angestrebt werden (vgl. Buber, 2009; Fuhr, 1991).

Aus diesem Umstand leitet sich das Erkenntnisinteresse der vorliegenden empirischen Studie ab. Die aus der Literatur herausgearbeiteten, zum Teil formalisierten Beratungsprozesse des Jobcenters, die nur eingeschränkt einen alltagsnahen Einbezug der zu Beratenden zulassen, und die bedeutsame Rolle einer positiven Arbeitsbeziehung werden anhand der Beratungspraxis im Jobcenter XY erforscht. Es soll festgestellt werden, inwieweit ein dialogischer

Ansatz in der Arbeitslosenberatung möglich ist. Daran anschließend wird herausgearbeitet werden, mit welchen Einschränkungen sich das dialogische Beratungsverständnis im formalisierten Umsetzungskonzept eines Jobcenters auseinandersetzen muss. Als Grundlage der Untersuchung dient das Jobcenter XY.

Darüber hinaus begründet sich diese empirische Studie in meiner erlebten Beratungspraxis im Jobcenter XY und der dabei wahrgenommenen Widersprüchlichkeit zwischen den Anforderungen des Beratungsverständnisses und der tatsächlichen Beratungspraxis. Meine Erfahrungen sind im beruflichen Kontext und im Rahmen von Praktika entstanden. Sowohl als Übersetzerin als auch als Praktikantin habe ich etliche Beratungsgespräche in verschiedenen Jobcenterstandorten, durchgeführt von verschiedenen BeraterInnen, miterlebt.

Im Folgenden wird zuerst allgemein auf die Beratung im Jobcenter eingegangen, die geprägt ist von gesetzlichen Vorgaben und dem Aktivierungsleitmotiv „Fördern und Fordern". Der Gesetzgeber fordert eine unterstützende und kontrollierende Haltung in der Arbeitslosenberatung. Das Aktivierungsvorhaben der Arbeitsmarktpolitik bestimmt den Beratungskontext in Jobcentern und hat zum Ziel, die Arbeitslosenquote zu verringern. Dabei wird für die Stärkung der Eigenverantwortung von LeistungsbezieherInnen plädiert und gleichzeitig im Rahmen der Mitwirkungspflicht Einsatz von ihnen gefordert (Kapitel 2-2.2).

Die BeraterInnen haben einen gesetzlichen Ermessensspielraum, dabei können sie sich an Einzelfällen orientieren. Auf diesen Spielraum wird in Bezug auf die Beratungsarbeit im Jobcenter eingegangen (Kapitel 2.3). Neben den gesetzlichen Vorgaben gibt es zusätzliche Einflussfaktoren und Rahmenbedingungen, die aus institutionellen und zielgruppenspezifischen Merkmalen entstehen können (Kapitel 2.4). Um eine bedarfsorientierte Beratung anbieten zu können, soll die spezifische Lebenssituation der KlientInnen während der Arbeitslosigkeit wahrgenommen werden. Der Leistungsbezug und die Arbeitslosigkeit haben verschiedene Auswirkungen auf die physische, psychische und soziale Lage der Menschen. Dies wiederum beeinflusst ihre Beratungsbedarfe und ihre Beziehung zur Beratungsfachkraft (Kapitel 2.5).

Anschließend rückt die Beratung im Jobcenter XY als Forschungsfeld der vorliegenden Arbeit ins Zentrum. Zunächst wird das Beratungsverständnis des ausgewählten Jobcenters dargestellt. Das Leitbild enthält verschiedene Haltungen, die an die BeraterInnen herangetragen werden. Diese Haltungen sind dialogisch orientiert und sollen durch ausgeprägte Beratungsarbeit Vermittlung in Arbeit fördern (Kapitel 3.1). Demgegenüber wird das Beratungskonzept des Jobcenter XY vorgestellt, das ein Kategoriensystem in der Beratung vorsieht. Dabei lassen sich mehrere Widersprüchlichkeiten zwischen dem Beratungsverständnis und dem Beratungskonzept feststellen (Kapitel 3.2).

Weiter wird die Dialogorientierung im normativen Beratungsverständnis des Jobcenters begründet dargestellt. Dafür werden dialogische Grundsätze und dialogische Kommunikationsmerkmale eingeführt, um sich im Anschluss auf ein dialogorientiertes Beratungsverständnis und -konzept zu fokussieren (Kapitel 4.1-4.4).

Folglich bietet es sich an, die Verbindung bzw. die Zusammenführung zwischen dem Beratungsverständnis des Jobcenter XY und dem Dialog zu veranschaulichen. Dabei liegt der Fokus auf Überschneidungen und Übereinstimmungen zwischen dem Beratungsverständnis und der dialogorientierten Beratungsarbeit. Auch die Konzepte werden miteinander verglichen und die darin enthaltenen Diskrepanzen hervorgehoben (Kapitel 5). In Anlehnung an diese Ausführungen wurde das Ziel dieser Forschungsarbeit entwickelt und vorgestellt (6.1).

Somit vervollständigt sich die theoretische Grundlage dieser Studie und der empirische Teil folgt. Als erstes wird die Quintessenz der qualitativen Forschung, die als passende Methodologie für die Behandlung des Forschungsinteresses ausgewählt worden ist, ausführlich dargestellt (6.2). Im Anschluss wird die Methodik herausgearbeitet. Dabei werden das methodische Vorgehen, das Forschungsinstrument, die Transkriptionsregeln und die Auswertungsmethode konkretisiert (Kapitel 6.3.1–6.3.4).

Die Subjektivität ist ein wichtiger Bestandteil qualitativer Forschung. Eine unreflektierte Subjektivität kann sich zu einer Fehlerquelle im Forschungsprozess entwickeln. Meine Subjektivität wird transparent gemacht und ihre Reflexion thematisiert, um auf die Rahmenbedingungen des Experteninterviews einzugehen und den Kontext zu veranschaulichen. Damit werden Transparenz und Nachvollziehbarkeit einzelner Forschungsschritte gewährleistet. (Kapitel 6.4.1-6.4.2).

Hiernach werden die Forschungsergebnisse vorgestellt, um diese im Anschluss mit Bezugnahme auf andere Theorien zu diskutieren. Hier findet die theoretische Generalisierung der Forschungsergebnisse statt (Kapitel 6.5-6.6). Ein Resümee und die Diskussion der Anwendungsrelevanz vorliegender Forschung beenden diese Studie (Kapitel 7).

2 Beratung im Jobcenter

2.1 Gesetzliche Arbeitsgrundlage

Wie einleitend bereits angeführt, wird die Grundsicherung im zweiten Sozialgesetzbuch geregelt. Bereits in § 1 Abs. 1 SGB II werden die Aufgaben und Ziele der Grundsicherung für Arbeitssuchende definiert, für deren Erfüllung die Jobcenter verantwortlich sind. Die Beratung im Jobcenter orientiert sich an der Aufgaben- und Zielsetzung der Grundsicherung im SGB II, die vorgibt, dass

> „die Grundsicherung für Arbeitslose es (den) Leistungsberechtigten (ermöglichen soll), ein Leben zu führen, das der Würde des Menschen entspricht." (§ 1 Abs. 1 SGB II)

Die Aufgabe der Grundsicherung, „ein menschenwürdiges Leben zu ermöglichen", macht den sozialen Charakter der Gesetzgebung deutlich. In Anlehnung an die Legislative wird die Vorstellung eines menschenwürdigen Lebens ausgeführt. Demgemäß wird die Würde des Menschen mit einer Erwerbstätigkeit in Verbindung gebracht bzw. wird die Ermöglichung eines menschenwürdigen Lebens mit der (Wieder)Herstellung der Erwerbstätigkeit verbunden. Dementsprechend besteht die Kernaufgabe des Jobcenters als Träger der Grundsicherung darin, die Arbeitsaufnahme zu fördern und die LeistungsbezieherInnen dabei zu unterstützen, um somit ein menschenwürdiges Leben zu gewähren. Dieses Vorhaben soll erbracht werden, indem die Eigenverantwortung der LeistungsbezieherInnen dahingehend gestärkt wird, dass sie

> „(...) ihren Lebensunterhalt unabhängig von der Grundsicherung aus eigenen Mitteln und Kräften bestreiten können. Sie soll erwerbsfähige Leistungsberechtigte bei der Aufnahme oder Beibehaltung einer Erwerbstätigkeit unterstützen und den Lebensunterhalt sichern, soweit sie ihn nicht auf andere Weise bestreiten können." (§ 1 Abs. 2 SGB II)

Anhand dieses Paragrafen wird die Perspektive der Grundsicherungsleistung als eine interimistische Lebensunterhaltssicherung definiert. Demzufolge wird die Phase der Arbeitslosigkeit als ein vorübergehendes Lebensmodell verstanden, bis keine „Hilfebedürftigkeit" mehr vorliegt. Der Kernpunkt der Grundsicherung lässt sich in der Vermeidung von Arbeitslosigkeit bzw. einer langen Dauer von Arbeitslosigkeit zusammenfassen. Daraus ableitend richtet sie ihre Hauptaufgabe danach aus,

> „(…) dass durch eine Erwerbstätigkeit Hilfebedürftigkeit vermieden oder beseitigt, die Dauer der Hilfebedürftigkeit verkürzt oder der Umfang der Hilfebedürftigkeit verringert wird, die Erwerbsfähigkeit einer leistungsberechtigten Person erhalten, verbessert oder wieder hergestellt wird." (§ 1 Abs. 2:2 SGB II)

Die durchzuführenden Maßnahmen bzw. Beratungsangebote im Jobcenter werden darauf aufbauend entwickelt. Dabei lassen sich mehrere Leistungsarten erfassen. Im Rahmen der Grundsicherungsleistung werden finanzielle Unterstützung, Beratung und Vermittlung in Arbeit oder Ausbildung angeboten. Diese Leistungen sind darauf ausgerichtet, die Integration in Arbeit zu stärken, um wiederum einen Leistungsbezug zu minimieren oder vorzugsweise zu beenden (vgl. § 1 Abs. 3 SGB II).

Demzufolge gliedern sich die Arbeitsbereiche im Jobcenter in zwei Schwerpunkte. Der erste Schwerpunkt stellt die Verwaltung des finanziellen Anspruchs dar und der zweite Aufgabenschwerpunkt liegt in der Arbeitsvermittlung. Die Arbeitsvermittlung soll Arbeitssuchende auf dem Weg zu einer erfolgreichen Arbeitsaufnahme unterstützen und gleichzeitig den Prozess kontrollieren und anleiten. In diesem Rahmen werden Beratungsangebote bereitgestellt (vgl. Grimmer, 2018).

Grundsätzlich lassen sich zwei Charakteristika des Grundsicherungsgedanken herauskristallisieren. Einerseits liegt ein sozialer Charakter in der Ermöglichung eines menschenwürdigen Lebens und der Stärkung der Eigenverantwortung der LeistungsbezieherInnen. Andererseits wird ein legitimierter Kontrollcharakter bzw. auch Durchsetzungscharakter ersichtlich, wodurch die LeistungsbezieherInnen zu einer Arbeitsaufnahme bewegt werden sollen.

Der Verbindung dieser beiden widersprüchlichen Charaktere von Unterstützung und Kontrolle bzw. Eigenverantwortung und

Durchsetzung wurde im Rahmen der sogenannten „Hartz-Reformen" vorgenommen. Dieser Wandel der Grundannahmen und Zielsetzung in der Arbeitsmarktpolitik fand in den Jahren 2003 bis 2005 statt. Die Reformen setzen eine Aktivierung in der Arbeitsmarktpolitik durch. Diese Aktivierung soll als wirksames Instrument hohe Arbeitsaufnahmen erzielen und im Umkehrschluss die Arbeitslosenquote verringern. Die konkrete Umsetzungsstrategie der Aktivierung drückt sich darin aus, die LeistungsbezieherInnen mehr zu fordern, sich um Arbeitsaufnahme zu bemühen (vgl. Sowa & Stapels, 2017).

Die oben dargelegten Gesetze sind das Ergebnis dieses Wandels in der Arbeitsmarktpolitik. Letztendlich wird auf die Mitwirkungspflicht der KlientInnen gesetzt. Diese sollen durch Stärkung der Eigenverantwortung im Prozess der Arbeitsvermittlung mehr Mitwirkung nachweisen. Der Kontroll- bzw. Durchsetzungscharakter der Gesetzgebung wird nun dadurch erkennbar, dass im Falle einer mangelnden Mitwirkung der Betroffenen eine Sanktionsmöglichkeit zur Verfügung steht. Das bedeutet, dass die Mitwirkung der LeistungsbezieherInnen vom zuständigen Leistungsträger überprüft wird (ebd.).

Der Aktivierungsauftrag richtet sich nicht nur an die KlientInnen und die Forderung ihres eigenverantwortlichen Handelns, sondern setzt ebenso eine Aktivierung der Jobcenter als Leistungsträger durch. Dementsprechend soll in der Erbringung der Förderleistungen eine entsprechende Förderstruktur vorhanden sein. Hieran anschließend wurde die Dienstleistungsqualität entwickelt und die Arbeitsverwaltung als Dienstleistungsanbieter umstrukturiert. An diesem Strukturwandel anknüpfend soll eine personenbezogene Dienstleistung angeboten werden, mit der hohe Arbeitsaufnahmen erzielt werden sollen (vgl. Sowa & Stapels, 2017).

Abschließend ist der Leitgedanke der gesetzlichen Grundlage, die Eigenaktivität der KlientInnen im Vermittlungsprozess zu stärken und sie gezielt durch eine personenbezogene Arbeit im Prozess miteinzubeziehen. Darüber hinaus soll die Eigenaktivität in Form von Mitwirkungspflicht nachgewiesen und kontrolliert werden. Demgegenüber sind die Jobcenter dazu angehalten, effektive und effiziente einzelfallbezogene Dienstleistungen zu erbringen, um die Eigenverantwortung und Aktivierung der KlientInnen zu fördern und zu fordern. Die Aktivierung bezweckt durch ihren Unterstützungs- und Kontrollcharakter höhere Eingliederungszahlen und eine niedrigere Arbeitslosenquote (vgl. Sowa & Stapels, 2017).

Das Leitprinzip der aktivierenden Arbeitsmarktpolitik wird häufig in Verbindung mit dem Leitspruch „Fördern und Fordern" gebracht. Dieses Prinzip enthält im Kern das Aufgabenverständnis des Jobcenters, da es anhand der gesetzlichen Auslegung die jeweiligen Rechte und Pflichten beider Interaktionspartner verbindlich macht. Die Leistungserbringung wie auch die Beratungsangebote im Jobcenter sind ebenso von diesem Motiv geprägt (vgl. Göckler, 2015; SGB II; Sowa & Stapels, 2017).

2.2 „Fördern und Fordern": Das Aktivierungsleitmotiv

Das Leitmotiv des Aktivierungsparadigmas umgibt die Dienstleistungsstruktur der Jobcenter und gibt einen verbindlichen Orientierungsrahmen vor. Die gesetzliche Definition des Leitmotives ist ebenso im zweiten Sozialgesetzbuch zu finden. Zuerst wird das Aktivierungsprinzip des Forderns ausgelegt, das sich vornehmlich an die LeistungsbezieherInnen der Grundsicherung richtet und ihre Pflichten regelt. Damit geht die folgende Forderung einher:

> „(Die LeistungsbezieherInnen) müssen alle Möglichkeiten zur Beendigung oder Verringerung ihrer Hilfebedürftigkeit ausschöpfen. Eine erwerbsfähige leistungsberechtigte Person muss aktiv an allen Maßnahmen zu ihrer Eingliederung in Arbeit mitwirken, insbesondere eine Eingliederungsvereinbarung abschließen. Wenn eine Erwerbstätigkeit auf dem allgemeinen Arbeitsmarkt in absehbarer Zeit nicht möglich ist, hat die erwerbsfähige leistungsberechtigte Person eine ihr angebotene zumutbare Arbeitsgelegenheit zu übernehmen." (§ 2 SGB II)

Damit werden die Formen der Mitwirkungspflichten als erstes veranschaulicht. Es wird dazu aufgefordert, Eigeninitiative und Eigenverantwortung im Arbeitsvermittlungsprozess zu zeigen. Um diese nachzuweisen, sind alle in Betracht kommenden Möglichkeiten auszuschöpfen, die zur Arbeitsaufnahme führen können. Die Ergebnisorientierung der Grundsicherungsleistung macht sich hier erkennbar. Die Arbeitsvermittlung wird mittelbar oder unmittelbar konkret verfolgt. Eine unmittelbare Arbeitsvermittlung drückt sich darin aus, dass die LeistungsbezieherInnen an Ersatzmaßnahmen teilnehmen sollen, die wiederum eine Arbeitsvermittlung fördern können. Als Beispiel dafür wird die Arbeitsgelegenheit als Alternative angegeben.

Weiter hinten im zweiten Sozialgesetzbuch platziert wird das Prinzip des Förderns bestimmt, das die Pflichten des Leistungserbringers bzw. der Jobcenter klärt. Hierbei geht es zentral um Unterstützungsangebote, die die Aufnahme einer Erwerbstätigkeit begünstigen. Im Mittelpunkt der Unterstützungsmöglichkeiten stehen Beratungsangebote, die orientiert am Ziel der Eingliederung in Arbeit erbracht werden sollen. Dementsprechend sind die Jobcenter

> „(...) insbesondere (für) die Erteilung von Auskunft und Rat zu Selbsthilfeobliegenheiten und Mitwirkungspflichten, zur Berechnung der Leistungen zur Sicherung des Lebensunterhalts und zur Auswahl der Leistungen im Rahmen des Eingliederungsprozesses (zuständig). Art und Umfang der Beratung richten sich nach dem Beratungsbedarf der leistungsberechtigten Person. (...). Hierbei arbeiten die Träger der Leistungen nach diesem Buch mit den in Satz 4 genannten Dienststellen eng zusammen." (§ 14 Abs. 2 SGB II)

Zwar liegt der Arbeit im Jobcenter kein gesetzlich verbindliches Beratungskonzept zugrunde, dennoch sind sie zur Gewährleistung von Beratungsangeboten verpflichtet und Beratung allgemein wird definiert. Die Beratung wird als Informationsvermittlung und Auskunftserteilung benannt. Eine Beratung als Interaktionsprozess zwischen BeraterIn und zu Beratenden wird hier nicht festgelegt. Das Resultat der Beratungen ist ebenso klar definiert. Ein bedarfsorientiertes Beratungsverständnis im Jobcenter soll mit dem klaren Ziel der Beendigung des Leistungsbezugs verbunden sein. In der Ausführung der Beratungsangebote müssen die Jobcenter ökonomische Grundsätze wie „Wirtschaftlichkeit" und „Sparsamkeit" im Eingliederungsprozess berücksichtigen (vgl. § 14 SGB II). Demgemäß sollen Beratungen unter effizienten Gesichtspunkten verwirklicht werden.

Andererseits kann aufgrund der Reihenfolge der im Gesetz vorgeführten Prinzipien „Fördern" und „Fordern" die Hypothese aufgestellt werden, dass die Förderungsleistung erst nach der Forderungsleistung erfolgt. In diesem Sinne sollen die Menschen ihre Mitwirkungspflichten nachweisen (Fordern), bevor ihnen Unterstützungsmöglichkeiten angeboten werden (Fördern).

Zusammenfassend bedeutet „Fördern", eine Unterstützungsstruktur unter Berücksichtigung der Einzelbedarfe und Fähigkeiten anzubieten, und „Fordern" eine Anforderungs- bzw. Erwartungshaltung gegenüber den LeistungsbezieherInnen, die sich in Mitwirkung und Eigeninitiative ausdrückt.

Zwar richten sich das SGB II und alle darin enthaltenen Grundprinzipien auf eine Arbeitsaufnahme aus, dennoch ist der pädagogisch angelegte Ansatz des Gesetzes nicht zu verkennen. Die Stärkung der Eigenverantwortung der KlientInnen durch Orientierung an Einzelbedarfen und stärkere Mitwirkung am Eingliederungsprozess stellen MitarbeiterInnen der Jobcenter vor unterschiedliche Herausforderungen. Eigenverantwortung kann auf der einen Seite nur vorausgesetzt werden, wenn der Informationsstand der KlientInnen dahingehend verbessert wird, dass sie eigenverantwortlich handeln können. Die BeraterInnen werden aus dieser Perspektive erneut als InformationsvermittlerInnen gesehen. Andererseits soll die Umsetzung der Beratungsstrategie so ausgelegt werden, dass die Betroffenen eigenständig einen Mehrwert aus den Informationen herausarbeiten können. Die Eigenbeteiligung zu fördern und die Informationsbedarfe der zu Beratenden in der Beratungssituation ermitteln zu können, werden als grundlegende Bausteine der Förderung eines eigenverantwortlichen Handelns postuliert (vgl. Göckler, 2009; Molle, 2019; Göckler, 2015; Sowa & Stapels, 2017; Olejniczak, 2010).

Neben dem pädagogischen Anteil der Arbeitsmarktpolitik kommen wie bereits ausgeführt auch Kontrollinstrumente zum Einsatz, um die Verbindlichkeit des Prozesses hervorzuheben. Die zu Beratenden sind dazu verpflichtet, eine Eingliederungsvereinbarung (EGV) zu unterschreiben. Darin drückt sich in der Beratungspraxis das Aktivierungsleitmotiv „Fördern und Fordern" aus.

In § 15 Abs. 1 SGB II ist geregelt, welche Ansprüche die EGV konkret erfüllen muss. Vorerst findet die Vereinbarung zwischen BeraterInnen und zu Beratenden statt. Darin soll angegeben werden, welche Leistungen die zu Beratenden konkret erhalten (Fördern) und welche Eigenbemühungen nachzuweisen sind (Fordern). Eine Vereinbarung ist mit einer zeitlichen Frist von jeweils sechs Monaten versehen. Unter der Bezeichnung „Vereinbarung" kann ebenso Einigung oder Verständigung verstanden werden. Dies erweckt zunächst den Eindruck, dass es sich um eine gleichberechtigte Beteiligung beider Partner am Prozess handelt, die gemeinsam etwas „vereinbaren". Die gemeinsame Beteiligung an der verbindlichen Einigung enthält jedoch einen indirekten Zwangsrahmen. Aus den gesetzlichen Vorgaben kann entnommen werden, dass es sich bei der Ausführung um ein verbindliches „Muss" handelt. Der Zwangsrahmen kann ebenso daraus abgeleitet werden, dass die BeraterInnen legitimiert sind, bei mangelnder Mitwirkung der KlientInnen die Vereinbarung einseitig durch einen Verwaltungsakt als verbindlich zu erklären. Falls die KlientInnen die Unterzeichnung der EGV verweigern, können die Inhalte der Vereinbarung dennoch verbindlich gemacht werden. Dies erfordert keine Zustimmung der KlientInnen und kann ausschließlich vom/von der BeraterIn bestimmt werden (vgl. Zahradnik, 2018; Göckler, 2015; Olejniczak, 2010).

Die vorgegebene Einhaltung der Eingliederungsvereinbarung mit dem Leitprinzip „Fördern und Fordern" kann zu einer eingeschränkten Handlungsselbstbestimmung der BeraterInnen führen. So verweist Göckler (2015) auf eine ausführliche Untersuchung der Verfahrensakten von Krasney & Udsching u.a. (2011), die bestätigen, dass BeraterInnen beim Ausführen der EGV überwiegend Gesetzesvorschriften folgen und eine Einzelfallorientierung kaum sichtbar ist. Die Vereinbarungen richten sich eng an Institutionsvorgaben und am Gesetzeswortlaut aus. Die starke Orientierung an gesetzlichen Vorbestimmungen wird in der Untersuchung als Sicherheitsbedürfnis im Beratungshandeln interpretiert. Demzufolge liegt in Beratungen im amtlichen Kontext eine Unsicherheit im Ausführen von einzelfallorientieren Beratungshandlungen. Somit kann angenommen werden, dass die Handlungsautonomie der BeraterInnen durch verbindliche gesetzliche Vorgaben eingeschränkt wird.

Trotz des formalisierten Kontextes und vorhandener Zwangsstrukturen in der Arbeit im Jobcenter besteht die Möglichkeit, nach Ermessen zu entscheiden und sich dabei an den Einzelbedarfen zu orientieren und die Beratungsprozesse personenbezogen durchzuführen.

2.3 Zum Ermessensbegriff: Ein Handlungsspielraum der BeraterInnen

Ermessen wird durch den Duden als „Einschätzung“ und „Beurteilung“ definiert. Die Grundsicherung stellt den Fachkräften in der Ausführung ihrer Aufgabe einen Ermessenrahmen zur Verfügung. Die Ermessensentscheidung kann auf der jeweiligen Einschätzung des Einzelfalls durch die Fachkraft beruhen. Demnach können BeraterInnen mit dem Ziel, die LeistungsbezieherInnen in Arbeit zu integrieren, zwischen mehreren Handlungsmöglichkeiten bedarfsorientiert ihre Auswahl treffen. Der Dienstleistungscharakter in der durchgeführten Aktivierungspolitik und damit die Orientierung an Einzelbedarfen wird im Rahmen des Ermessens der BeraterInnen denkbar (vgl. Göckler, 2009).

Der Ermessensrahmen ist anhand gesetzlicher Formulierungen wie „in der Regel“ festzustellen (vgl. SGB II). Daraus wird die Legitimationen einer fallorientierten Entscheidung im Vermittlungsprozess hergeleitet. Die Auslegungsmöglichkeit ist somit rechtlich zugelassen. So haben die BeraterInnen einen Spielraum, innerhalb dessen sie sich an den individuellen Bedürfnissen der KlientInnen orientieren und danach ausgerichtet die EGV einzelfallspezifisch formulieren können (vgl. Göckler, 2009).

Denn der Ermessensspielraum drückt sich konkret in der EGV aus. In der EGV wird plausibel festgelegt, in welcher Form und in welchem Umfang die LeistungsbezieherInnen ihre Mitwirkung nachzuweisen haben und wodurch eine Arbeitsaufnahme erzielt werden soll. Form und Umfang der Mitwirkung, die die KlientInnen erbringen müssen, kann nach Ermessen der Beratungsfachkraft entschieden werden. Dabei kann möglicherweise eine niederschwellige Eigenleistung der zu Beratenden eingefordert und dabei ihre gegenwärtige Lebenssituation berücksichtigt werden (vgl. Olejniczak, 2010).

Zusammenfassend ist die Beratungsarbeit im Jobcenter einerseits von vorgegebenen Regelungen und Gesetzen vorbestimmt und vereinheitlicht, andererseits bestehen gesetzliche Auslegungsmöglichkeiten und Ermessensspielräume, wodurch ein kontextbezogener, einzelfallorientierter Beratungsprozess ermöglicht wird. Hinzufügend gibt es weitere Faktoren, die den Beratungskontext im Jobcenter und die Handlungen der BeraterInnen mitbeeinflussen.

Neben den aufgeführten Bestimmungen durch gesetzliche Regelungen und Ermessensmöglichkeiten bestehen strukturelle, institutionelle Rahmenbedingungen und weitere rechtliche Vorgaben, die die Beratungsarbeit des Jobcenters mitbestimmen. Die Einflussfaktoren spiegeln sich im Arbeitsalltag wider und dadurch in der Beziehungsgestaltung zwischen BeraterInnen und zu Beratenden. Vermittlungs- und Beratungsprozesse werden dadurch möglicherweise konstruiert.

2.4 Einflussfaktoren der Arbeitslosenberatung

Es bestehen weitere rechtliche Einflussfaktoren, die die Beratungsarbeit im Jobcenter zusätzlich prägen. Zu den aufgeführten gesetzlichen Bestimmungen kommt noch hinzu, dass das Sozialrecht im Allgemeinen und das SGB II, hier speziell die Grundsicherung, durch häufig auftretende Änderungen der Rechtsgrundlage gekennzeichnet sind. Diese Änderungen betreffen fortwährend den leistungsrechtlichen Aspekt, aber auch die Vorgaben zum Arbeitsinstrumentarium. Ebenso ist Beratung als ein Arbeitsinstrument von rechtlichen Änderungen betroffen (vgl. Bolte & Göbel u.a., 2012).

Als Grund für die Häufigkeit der Änderungen wird der öffentliche Standpunkt gegenüber der Grundsicherungsleistung angenommen. Die immer wieder aufkeimenden kontroversen Debatten im öffentlichen Raum, die das Verständnis des aktivierenden deutschen Sozialstaates betreffen, aber auch die oft umgeformten wirtschaftlich ausgerichteten Steuerungsmodelle in Politik und Verwaltung, tragen zu Gesetzesänderungen bei. Dies führt wiederum zur Unsicherheit im Umgang mit Gesetzesvorgaben, die sich in der Beratung von LeistungsbezieherInnen widerspiegelt (ebd.).

Weitere Einflussfaktoren sind verschiedene organisationspezifische Formationen. Zum Teil zeichnet sich die Gruppe der Leistungsberechtigten durch ihre heterogene Zusammensetzung aus. Die MitarbeiterInnen im Jobcenter sollen LeistungsbezieherInnen vom Akademiker bis zum Jugendlichen ohne Berufsabschluss beraten. Das breite Spektrum umfasst unterschiedliche Eigenbedarfe und spezifische Belange, die von BeraterInnen berücksichtigt werden sollen. Häufig werden Beschäftigte in Jobcentern mit Diskrepanzen konfrontiert, die sie versuchen, in ihrer Arbeit miteinander zu vereinbaren (ebd.).

Denn sie haben durch das SGB II einen unterstützenden, einzelfallorientierten Auftrag und darüber hinaus einen arbeitsvermittelnden Ansatz. Damit geht die Anforderung einher, dass die BeraterInnen sowohl eine Sensibilität in Bezug auf die Lebenswirklichkeiten der heterogenen Zielgruppe haben, als auch die Eigenverantwortung der KlientInnen stärken sollen. Dabei müssen sie jedoch auch berücksichtigen, die LeistungsbezieherInnen nicht zu überfordern. Die individuellen Bedarfe der zu Beratenden sollen im Prozess entscheidungs- und handlungsleitend sein. Dementsprechend sollen institutionelle Ziele berücksichtigt werden (vgl. Bolte & Göbel u.a., 2012; Moos, Rothermel u. a., 2014). Die Zusammensetzung der Zielgruppe stellt jedoch eine Herausforderung für die Umsetzung dieser Ansätze dar.

Nicht zu unterschätzen sind die quantitativen Erfolgsvorgaben von Führungskräften in Jobcentern, die ein bedeutender Einflussfaktor auf die Beratungstätigkeit sind. Die Qualität der Beratungsarbeit drückt sich unter diesem Aspekt in der Menge der Menschen, die in Arbeit integriert werden, aus. So entsteht Leistungsdruck bei den BeraterInnen, die ihre Beratungsleistung in der Integrationszahl darstellen sollen. Dies beeinflusst auch den Beratungskontext und dominiert den Leitgedanken der Arbeitsvermittlung (vgl. Heidig, Schmidt u. a., 2015).

Andere organisationsspezifische Rahmenbedingungen sind die Anwendung aufwendiger Datenadministration und die geforderte ausführliche Dokumentation der Beratungsgespräche, wofür reichlich Zeit eingesetzt wird. Diese Einflussfaktoren belasten zentral jede Gesprächssituation, in denen die beiden Parteien aufeinandertreffen (ebd.).

Um eine bedarfsorientierte und einzelfallspezifische Beratung gewährleisten zu können, sollen die Hintergründe von Arbeitslosigkeit und ihre Auswirkung auf die betroffenen Personen beachtet werden. Arbeitslosigkeit hat verschiedene Auswirkungen auf die LeistungsbezieherInnen, die im Beratungsprozess wahrgenommen werden sollen, um eine ganzheitliche Zusammenarbeit erst zu ermöglichen.

2.5 Arbeitslosigkeit und ihre Auswirkungen

Arbeitslosigkeit hat diverse negative Auswirkungen auf das Leben, die psychische und physische Verfassung der Betroffenen. Grundlegend wird oft eine Abhängigkeit von der Grundsicherung wahrgenommen. Diese erlebte Abhängigkeit führt zur Verunsicherung und Instabilität im Leben der LeistungsbezieherInnen. Diese Annahmen sind durch eine empirische Studie belegt, in der mittels leitfadengestützter Interviews LeistungsbezieherInnen zu den Auswirkungen von Arbeitslosigkeit befragt wurden (vgl. Rudolph & Niekant, 2007).

Die meisten Befragten leben demnach mit fortwährenden Angstzuständen vor einem plötzlichen Ausfall der finanziellen Grundsicherung. Diese Befürchtungen seien verbunden mit der Angst vor einer Fehlentscheidung der zuständigen Behörde (ebd.).

Aus diesen Forschungsergebnissen kann abgeleitet werden, dass viele Menschen der behördlichen Arbeit und ihren Entscheidungen misstrauen.

Die Verunsicherung der LeistungsbezieherInnen wird auch auf anderen Ebenen deutlich. Arbeitslosigkeit kann Lebensperspektiven und soziale Identität, die meist aus der Arbeit resultieren, beeinträchtigen. Aus der Lebenssituation entstehen geringe Zufriedenheit mit der gegenwärtigen Situation, aber auch Anschlussschwierigkeiten in der Gesellschaft (vgl. Heidig, Schmidt u. a., 2015; Rudolph & Niekant, 2007; Göckler, 2015).

Ferner beeinträchtigt eine lange Dauer der Arbeitslosigkeit die Selbstwirksamkeit durch fehlende Erfolgserlebnisse, die oft mit Arbeit verbunden werden, und erfolgslose Bewerbungen. Ebenso wird die berufliche Qualifikation aufgrund fehlenden Einsatzes dieser und fehlender Weiterbildungsmöglichkeiten entwertet (ebd.).

Weitere Charakteristika der Arbeitslosigkeit sind Irritation und Neuordnung des Lebensrhythmus, da sich Arbeitslose mit dem Wegfall des routinierten Arbeitsalltags und der gewohnten Tagesstruktur neu orientieren müssen (vgl. Heidig, Schmidt u. a., 2015; Rudolph & Niekant, 2007; Göckler, 2015).

Schlussfolgernd kann auf eine problematische Verkettung sozialer, psychischer und alltäglicher Faktoren hingewiesen werden, die auf eine komplexe Stresssituation betroffener Menschen hindeuten. Die Berücksichtigung dieser Lebensbedingungen ist voraussetzend für eine angemessene einzelfallorientierte Beratungsarbeit.

Eine ganzheitliche und bedarfsorientierte Beratung, um erfolgreich in Arbeit zu vermitteln, wird auch im Jobcenter XY gefordert. Dies spiegelt sich im Beratungsverständnis und im konkreten Beratungskonzept wider.

3 Beratung im Jobcenter XY

3.1 Beratungsverständnis des Jobcenter XY

Wie vom SGB II vorgegeben, richtet das Jobcenter XY die Leistungsangebote danach aus, die LeistungsbezieherInnen in Arbeit zu integrieren. Die gewählten Unterstützungsformen sind Bereitstellung von Leistungen zur Eingliederung in Arbeit und Gewährleistung der Geldleistungen zur Sicherung des Lebensunterhalts. Die Beratungstätigkeit ist an die erste Unterstützungsform gebunden. Für die Beratungsleistung wird im Jobcenter XY der Terminus „beschäftigungsorientierte Beratung" angewendet (vgl. Beratungskonzept).

Bereits in der Berufsbezeichnung der BeraterInnen des Jobcenter XY wird auf das beschäftigungsorientierte Beratungsverständnis verwiesen. Wie in der gesetzlichen Vorgabe vorgesehen, sind Beratungsprozesse ergebnisorientiert zu realisieren (ebd.).

Für alle Unterstützungsformen oder Fragen zur Vermittlung, Arbeitsaufnahme und/oder beruflichen (Weiter)Bildung stehen beschäftigungsorientierte BeraterInnen zur Verfügung. Nach diesem Beratungsverständnis sollen zu Beratende kooperativ mit den BeraterInnen mögliche Entwicklungsschritte vereinbaren, um die vorliegende „Hilfebedürftigkeit" im gesetzlichen Sinne zu beenden. Auch im Jobcenter XY wird ein selbstverantwortliches Leben unabhängig von der Grundsicherung der zu Beratenden angestrebt.

Die Beratungstätigkeit ist in der Erreichung dieses Ziels das wegweisende Handlungsinstrument. Nach dem Beratungsverständnis des Jobcenter XY soll sich jedes Beratungsangebot personenbezogen an den Bedarfen der KlientInnen ausrichten, um einzelfallbezogen ein von der Grundsicherung unabhängiges Leben zu fördern. Damit wird erneut der bereits herausgearbeitete Widerspruch im gesetzlichen Leitgedanken deutlich. Einerseits sollen die BeraterInnen sich an den Einzelbedarfen orientieren, die durchaus andere Ziele als die der Arbeitsvermittlung haben können. Andererseits müssen sie die Arbeitsaufnahme als ein fixiertes Beratungsziel bzw. -ergebnis verfolgen (ebd.).

Das Beratungsverständnis des Jobcenters umfasst eine Verbindlichkeitsstruktur der Beratungsprozesse. Die Behörde weist nämlich ausdrücklich darauf hin, dass ein Verzicht auf Beratungsangebote nicht möglich ist und ggf. einen Verlust des Leistungsbezugs zufolge haben kann. Die Inanspruchnahme von Beratungsangeboten ist eine nachzuweisende Mitwirkungspflicht der zu Beratenden. Demgemäß ist die Beratung für den Bezug der Grundsicherung ein unverzichtbarer Prozess. Dazu gehört der kontinuierliche Kontakt zwischen BeraterInnen und zu Beratenden. An diesem Punkt wird der Zwangskontext der Arbeitslosenberatung sichtbar.

Der Beratung des Jobcenter XY liegt das sogenannte „Fallsteuerung: System-Modell" zugrunde. Dieses Beratungsmodell gilt im Jobcenter XY seit 2016. Der leitende Grundgedanke des Modells ist die Zusammenarbeit mit den zu Beratenden als Zentrum des Beratungsprozesses (ebd.).

Das Beratungsmodell beinhaltet ein Fallsteuerungssystem, das eine klare Leitlinie enthält, wie der zu Beratende durch das Jobcenter zu unterstützen ist. Zum Beratungsverständnis des Jobcenters gehört eine ziel- und ressourcenorientierte Arbeit mit den KlientInnen. Mithilfe des Modells sollen die unübersichtlichen Situationskonstellationen der zu Beratenden mit einer „Wenn-Dann-Logik" zielgerichtet angegangen werden (ebd.). Damit entsteht zunächst ein schematisierter Eindruck von der Beratung, die im Folgenden schrittweise ausführlich herausgearbeitet werden soll.

Ausgehend von der Ursache-Wirkungs-Logik ist eine zentrale Orientierungsfrage für Beratungsgespräche erarbeitet worden, wonach bestimmt wird, welche Steuerungsstrategie die BeraterInnen anwenden sollen. Es handelt sich hierbei um die „9:00 Uhr-Frage", die danach fragt, ob die zu Beratenden zum gegenwärtigen Zeitpunkt vermittelbar sind oder nicht.

Wenn der zu Beratende vermittelbar ist, dann wird eine Direktvermittlung in Arbeit angestrebt. Wenn der/die zu Beratende nicht direkt vermittelbar ist, kommen Beratungsangebote zum Einsatz. Als Beratungsziel kann zum Beispiel die Stärkung des Bewerberverhaltens angesetzt werden. Im Prozess der Zielfindung und Umsetzung wurden den BeraterInnen verschiedene Haltungen vorgegeben, um die Beratungsarbeit angemessen durchzuführen.

Insgesamt lassen sich basierend auf dem Beratungsmodell multiplexe Beratungshaltungen ausarbeiten. Die BeraterInnen im Jobcenter XY sollen sich auf Beratungsgespräche vorbereiten und diese auf Augenhöhe durchführen. Auf der einen Seite wird eine Offenheit im Sinne einer Ergebnisoffenheit erwartet. Andererseits wird eine zielorientierte Arbeit vorausgesetzt (ebd.). Es stellt sich die Frage, ob eine Ergebnisoffenheit und gleichzeitige Zielorientierung miteinander zu vereinbaren sind oder eher im Widerspruch zueinander stehen.

Eine wertschätzende Beratung auf Augenhöhe wird ermöglicht, indem die BeraterInnen ausreichend Zeit für jedes Beratungsgespräch haben. Die Gesprächsführung soll dementsprechend frei und stärkenorientiert sein. Unter einer freien Gesprächsführung wird ein direkter Kontakt mit den zu Beratenden verstanden. Dabei soll während des Gesprächs eine permanente Nutzung des PCs als Hilfsmittel unterlassen werden. Die zu Beratenden sollen die vollständige Aufmerksamkeit und das Interesse der Beratungsfachkraft genießen.

Ein grundlegendes Interesse an den zu Beratenden und am Gespräch sind bedeutungsvolle Verhaltensweisen im Beratungsgespräch. Nach dem Verständnis des Jobcenter XY können BeraterInnen diese durch den sogenannten „frischen Blick“ aufrechterhalten. Es wird davon ausgegangen, dass jede/r Veränderungs- bzw. Entwicklungsprozesse durchlebt. Dementsprechend verändern sich die zu Beratenden fortwährend, weshalb eine unvoreingenommene Haltung mit dem „frischen Blick“ für eine positive Zusammenarbeit nur dienlich ist.

In Bezug auf Arbeitsvermittlung wird mit dem Stichwort „frischer Blick“ ein anderes Bestreben verbunden. In diesem Zusammenhang bedeutet es, dass auch die zu Beratenden mit offensichtlichen Vermittlungsbarrieren potenzielle Kandidaten zur Direktvermittlung sein können. Infolgedessen soll in der Beratung nicht voreingenommen davon ausgegangen werden, dass die Betroffenen erst mehrere Hemmnisse beseitigen sollen, bevor eine direkte Arbeitsvermittlung in Betracht gezogen wird. In diesem Zusammenhang wird von einer stärkenorientierten Beratungshaltung gesprochen.

Prinzipiell darf aus der Wahrnehmung der BeraterInnen nicht schwinden, dass die zu Beratenden als eigenverantwortliche Subjekte betrachtet werden müssen. Folglich soll die Eigenverantwortung der zu Beratenden im gesamten Beratungsprozess und im Prozess der Beseitigung der Hilfebedürftigkeit gefördert bzw. gestärkt werden. Nach Angaben des Jobcenter XY ist die Anzahl der Eigenvermittlungen in Arbeit höher als die Arbeitsvermittlung durch das Jobcenter. Vor diesem Hintergrund sollen die zu Beratenden eine starke Verantwortung im Vermittlungsprozess übernehmen, denn sie vermitteln sich häufig selbst.

In diesem Zusammenhang wird von einer Partnerschaft und Rollenklarheit zwischen BeraterInnen und zu Beratenden ausgegangen. Die Stärkung der Eigenverantwortung und die Herstellung einer kommunikationsfördernden Beziehung mit den zu Beratenden sollen durch plausible Ziele und konkrete Arbeitsabläufe erzielt werden. Vielen zu Beratenden fehlt es in ihrer Lebenssituation an konkreter Zielausrichtung und Struktur, weshalb die Verfolgung von Parallelstrategien zu Überforderung führen kann. Daher sollen Ziele nach Priorität einzeln und schrittweise verfolgt werden.

Grundsätzlich sollen die vorgegebenen Haltungen die Beratungsprozesse des Jobcenter XY prägen. Anhand der beziehungsorientierten Merkmale des Beratungsverständnisses wurde ein konkretes Beratungskonzept entwickelt.

3.2 Das Beratungskonzept des Jobcenter XY

Das Beratungskonzept des Jobcenter XY läuft nach einem Zyklusmodell ab. Die einzelnen Phasen des Zyklus wiederholen sich so lange, bis eine Erwerbstätigkeit erreicht wird. Das Beratungsmodell beinhaltet insgesamt sechs Phasen, die die Beschäftigten in ihrer Arbeit mit KlientInnen umsetzen sollen.

Das Zyklusmodell besteht aus Potenzialanalyse (Profiling), Vereinbarung von Förderzielen, Bestimmung der Ressourcenbereiche, Festlegung Entwicklungsziele, Handlungsplan, Umsetzung des Handlungsplans (Handlungsstrategie) und zuletzt Überprüfung der Zielerreichung. Die Umsetzung des Modells soll in dieser Reihenfolge stattfinden.

In der Potenzialanalyse sollen die BeraterInnen die aktuelle Lebenssituation der zu Beratenden ganzheitlich ermitteln. Dafür wurden neun Ressourcenkategorien gebildet und definiert, um ein möglichst umfassendes Bild der KlientInnen zu ermöglichen bzw. um die Potenzialanalyse zu vereinfachen. Die neun Ressourcenbereiche werden nach den Erhebungsmöglichkeiten als vorhanden oder nicht vorhanden ermittelt. Die festzustellenden Ressourcen der KlientInnen sind:

- Bewerbungs- und Stellensuchverhalten, z.B. Fähigkeit erfolgreicher Bewerbungsstrategie
- Qualifikation, z.B. Schulausbildung
- Arbeitsverhalten, z.B. Zuverlässigkeit
- Sozialverhalten, z.B. Kommunikationsfähigkeit
- Arbeitsmotivation, z.B. Arbeitsortflexibilität
- Rahmenbedingungen, z.B. geregelte Kinderbetreuung
- Lebenspraktische Kompetenz, z.B. positives äußeres Erscheinungsbild
- Mitwirkung in der Fallsteuerung, z.B. Akzeptanz des SGB II als Übergangssystem
- Leistungsfähigkeit – körperlich und psychisch –, z.B. gute psychische Verfassung

In der Ermittlung der Ressourcen sollen die vorgestellten Haltungen aus dem Beratungsverständnis berücksichtigt werden. Die grundlegende Haltung ist dabei der „frische Blick", um eine unvoreingenommene Betrachtung der KlientInnen zu gewährleisten. Ihre Potenziale und Fähigkeiten sollen ebenso sachlich erhoben werden. Die Potenzialanalyse wird in der Regel alle sechs Monate nach Ablauf der EGV neu durchgeführt.

Die Ressourcenermittlung in dieser Phase geschieht „bestenfalls“ mit den KlientInnen zusammen (ebd.). Die kooperative Arbeit mit den zu Beratenden wird hier zunächst als Ideal erlebt. Der Beratungsprozess bzw. die Beratungsphasen können möglicherweise auch ohne Kooperation durchgeführt werden. Das bedeutet, es besteht auch die Möglichkeit, dass Einschätzungen einseitig von BeraterInnen vorgenommen werden.

Ausgehend von der Ressourcenermittlung sollen die BeraterInnen und zu Beratenden gemeinsam ein Förderziel festlegen. Die aufgeführte „Wenn-Dann-Logik“ wird an dieser Stelle praktisch umgesetzt. Das bedeutet: Wenn die Ressource X nicht vorhanden ist und gestärkt werden soll, dann wird das vorgesehene Förderziel Y festgelegt. Die BeraterInnen sollen im Beratungsprozess eines der vorgegebenen Förderziele festsetzen. Die Förderziele sind:

- Direktvermittlung in Arbeit, Ausbildung oder Selbständigkeit
- Herstellung der Wettbewerbsfähigkeit
- Herstellung der Prozessfähigkeit
- Stabilisierung der Erwerbsfähigkeit

In allen Kategorien der Förderziele ist eine Ressourcenorientierung dominant. Abgesehen vom Förderziel „Direktvermittlung“ selbst sind alle Ziele auf die Erreichung einer Direktvermittlung ausgerichtet. Demnach ist die Direktvermittlung das mittelbar oder unmittelbar auszuführende Ziel der Arbeit. Um das festgelegte Förderziel zu erreichen, werden im Anschluss kooperativ Entwicklungsschritte bestimmt.

Der jeweils zu bestimmende Entwicklungsschritt ergibt sich aus dem ausgewählten Ressourcenbereich und Förderziel. Die einzelnen Ressourcenbereiche definieren ebenso, welche Entwicklungsziele angestrebt werden sollen bzw. welcher Ressourcenbereich in welchem Fall gestärkt werden soll.

Hier wird ersichtlich, dass mit der Stärkung nicht vorhandener Ressourcen ein Hemmnisabbau angestrebt wird. Die Widersprüchlichkeit zwischen dem Beratungsverständnis und dessen Umsetzung wird deutlich. Das Beratungskonzept geht von einer stärkenorientierten Beratungsarbeit aus; im Beratungskonzept ist ein Hemmnisabbau vorgesehen. Die fehlenden Ressourcen sollen durch die Bestimmung von Entwicklungszielen wiederhergestellt werden. Nach der Festlegung des Entwicklungsziels wird ein Handlungsplan mit einer konkreten Strategie entwickelt. Dabei soll die Ressource so lange gestärkt werden, bis diese ausreichend ausgeprägt ist. In dieser Beratungsphase soll beiden Beteiligten plausibel werden, welche Entwicklungsergebnisse erzielt werden sollen. Als konkrete Arbeitsinstrumente werden Beratungsangebote oder Teilnahmen an Maßnahmen angeführt, die die Entwicklungsschritte unterstützen sollen. Falls die Umsetzungsstrategie eines Entwicklungsziels die Inanspruchnahme von Beratungsangeboten ist, dann muss die beabsichtigte Wirkung der Beratungsgespräche konkretisiert werden. Zum Beispiel kann die Beratungsstrategie darauf abzielen, die KlientInnen in ihrer Mitwirkungspflicht konkret zu fördern.

Nach dem Ablauf der Fristsetzung für den Handlungsplan wird die Zielerreichung überprüft. Die Zielerreichung wird von den BeraterInnen eingeschätzt. In diesem Kontext wird die Zielerreichung als individuelles Ergebnis definiert. Dementsprechend ist der Weg zur Arbeitsvermittlung zwar nicht vorbestimmt, die Arbeitsvermittlung aber als Ergebnis festgelegt. Der individuelle Weg zur Zielerreichung ist einzelfallbezogen zu gestalten, jedoch orientiert am Beratungsschema des Jobcenters.

Falls nach einer Handlungsphase die Ressource weiterhin nicht genug ausgeprägt ist, werden die Phasen des Zyklus wiederholt. Das sogenannte „Reprofiling" wird nicht genauso übernommen. Der vorherige Vermittlungs- und Beratungsprozess wird zunächst reflektiert. Der „frische Blick" kommt hier wieder zur Geltung, denn nur so kann eine weitere Zusammenarbeit ermöglicht werden, ohne dass beide Beteiligten von einem erneuten Misserfolg ausgehen.

In den unterschiedlichen Arbeitsphasen sollen die BeraterInnen gezielt unterschiedliche Rollen einnehmen. In der Potenzialanalyse sollen sie die Rolle von GutachterInnen übernehmen. In dieser Rolle sollen sie mit dem Beratungsgespräch starten und diagnostische Fragen stellen, um die aktuelle Lebenssituation der zu Beratenden zu ermitteln. In der Umsetzungsphase sollen die BeraterInnen wiederum eine intervenierende Rolle einnehmen. Die intervenierende Rolle soll eine Verhaltensänderung der KlientInnen stärkend herbeiführen. Als Unterstützungsform wird eine motivierende Gesprächsführung eingesetzt. In den restlichen Phasen wird eine unterstützende, begleitende, motivierende und kriseninterveniernde Rolle erwartet.

Zusammenfassend kann anhand des Beratungskonzept von einem formalisierten Beratungskontext im Jobcenter XY ausgegangen werden. Die Beratungsgespräche werden anhand eines Kategorienschemas durchgeführt, weshalb fraglich ist, ob eine Offenheit im Beratungsprozess besteht.

Ferner wird in der Potenzialanalyse von einer begutachtenden Rolle ausgegangen, wobei an dieser Stelle auf einseitige Einschätzungs- und Feststellungshaltungen gesetzt wird. Dabei finden Einbeziehung bzw. Eigenverantwortung der zu Beratenden im Beratungsprozess keine Berücksichtigung. Auch die Kooperation mit den zu Beratenden im Zielfindungsprozess wird anders als im Beratungsverständnis festgelegt im Beratungskonzept eher als ein Ideal als die Regel vorgestellt.

Trotz des im Konzept vorgestellten formalisierten Beratungsablaufs lässt das Beratungsverständnis des Jobcenter XY normative Verknüpfungen mit dialogischen Ansätzen zu. Demzufolge befinden sich die BeraterInnen des Jobcenters zwischen dialogorientierten Haltungsvorgaben und gleichzeitig einem festgelegtem Handlungsschemata, die miteinander vereinbart werden sollen. Die Verbindung zum dialogischen Prinzip wird nachfolgend ausführlich aufgezeigt. Zuerst erfolgt eine thematische Einführung in dialogische Haltungen, um die Anknüpfungspunkte zu verdeutlichen.

4 Das dialogische Prinzip

4.1 Thematische Einführung

Unter Dialog wird ein Gespräch, das eine unmittelbare Verständigung zwischen den GesprächspartnerInnen anstrebt, verstanden. In der dialogischen Wechselbeziehung ist die Absicht, sich gegenseitig in der gegenwärtigen wirklichkeitsbezogenen Situation wahrzunehmen, ein bedeutsames Begegnungsmerkmal. Dabei sollen beide PartnerInnen sich dabei unterstützen, eigene Möglichkeiten zu entdecken und diese auszuleben (vgl. Buber, 2009; Fuhr, 1991; Muth & Nauerth, 2008).

Demgegenüber enthält ein Gespräch mit der Intention, einen Prozess bewusst oder manipulativ durchzusetzen oder die GesprächspartnerInnen zu beeinflussen, keine dialogische Haltung. Dabei wird davon ausgegangen, dass jede Bemühung, eine Begegnung zu prüfen (auch mit einer positiven Absicht), dazu führt, dass genau diese Bemühung meist abgelehnt und nicht entgegengenommen wird (ebd.).

Die Menschen werden in der Dialogphilosophie als Wesen in einem dauerhaften Entwicklungsprozess wahrgenommen. Dieser Entwicklungsprozess ist grundlegend geprägt von zwei Beziehungsverhältnissen. Nach dialogischem Prinzip werden die zwei Beziehungsverhältnisse in einer „ICH-DU-Beziehung" und einem „ICH-ES-Verhältnis" als „Grundworte" aufgefasst (vgl. Buber, 2009, S. 7 ff.; auch Begemann, 2001).

Demgemäß stehen Menschen in einem Verhältnis zur objektiven Umwelt, die sich in Gegenständen definieren lässt. Dieses Verhältnis wird als „ICH-ES-Verhältnis" erfasst. Andererseits drückt sich das Beziehungsverhältnis durch eine direkte unmittelbare Begegnung zwischen zwei Menschen aus. Diese Form der Beziehungsgestaltung wird als „ICH-DU-Beziehung" bezeichnet (vgl. Muth & Nauerth, 2008; Begemann, 2001). Letztere Beziehungsart ist für die vorliegende Forschungsarbeit relevanter, da die Beratungsgespräche im Jobcenter direkt und personell zwischen zwei Menschen stattfinden.

Die „ICH-DU-Beziehung" bildet das Kernanliegen der Dialogphilosophie. Angelehnt an Bubers Theorie stellen Muth & Nauerth (2008) fest, dass der Mensch prinzipiell als ein soziales Wesen gedacht werden soll. Grundlegend findet Leben bzw. soziales Leben nur in oder durch unmittelbare menschliche Begegnungen und Beziehungen statt. Daher ist Beziehungsgestaltung eine Form von Wechselseitigkeit. Beide Personen wirken in einer Begegnung auf einander und beeinflussen sich gegenseitig, ohne dies manipulativ oder gezielt anzustreben.

> „Ich werde am Du; Ich werdend spreche ich Du." (Buber, 1997, S. 18)

Das dialogische Prinzip vertritt die Annahme, dass Menschen im Beziehungsgeschehen nicht automatisiert auf bestimmte Geschehnisse reagieren, sondern aufgrund der zugeschriebenen Bedeutung dieser gegenübertreten. Daher haben Menschen individuelle Auslegungsstrukturen, die sich in wechselseitigen Beziehungen verändern können. Das bedeutet, dass Menschen eigene individuelle Wahrnehmungen und Sinneszuschreibungen besitzen, die zwar veränderbar sind, aber gewiss als gegenwärtig respektiert und anerkannt werden müssen (vgl. Fuhr, 1991; Begemann, 2001).

Diese dialogischen Grundannahmen einer Begegnung zwischen zwei Menschen lassen auf weitere Begegnungsmerkmale schließen. Eine dialogische Begegnung geht grundsätzlich von der Akzeptanz und Bestätigung der Anderheit aus. Als ein natürlicher Auslöser dieser Haltung wird die Neugierde gegenüber den Anderen angenommen. Sobald die Anderheit als solche anerkannt und andere Deutungsmuster akzeptiert werden, entsteht das dialogisch notwendige Interesse am Anderen (ebd.).

Ein weiterer Grundsatz, der vor allem in Beratungen zum Tragen kommt, ist die Auseinandersetzung mit der Anderheit des Gegenübers.

Es kann durchaus sein, dass die GesprächspartnerInnen eine andere Realität in Bezug auf die andere Person erfahren als die Selbstwahrnehmung bzw. -darstellung.

Daher ist ein grundlegendes Interesse an der Wahrnehmung, Bedeutungszuschreibungen und eine eigene Situationsanalyse des Gegenübers, der sich vom Eigenen unterscheidet, für einen Dialog ausschlaggebend.

Eine herausfordernde Handlung ist dieser Schritt deshalb, da die/der GesprächspartnerIn mit einer anderen Realität als der eigenen konfrontiert wird. Der Dialog kann erst als Dialog gelten, wenn die Person das Andere, in dem, was er ist, bestätigt und anerkennt und dialogisch seine eigene Wahrnehmung offen dem gegenüberstellt (vgl. Fuhr, 1991; Begemann, 2001).

Ausgehend von dialogischen Annahmen und Haltungen wurden konkrete Merkmale dialogischer Kommunikation, die die Begegnung ausmachen, entwickelt.

4.2 „Das echte Gespräch" - dialogische Kommunikation

Der Dialogphilosoph Martin Buber (2009) hat mehrere Charakteristika des echten Gesprächs mit Bezugnahme zu dialogischen Grundsätzen zusammengefasst, die im Folgenden dargelegt und erläutert werden.

Dialogische Gespräche umfassen verschiedene Haltungen, die die GesprächspartnerInnen verinnerlicht haben sollen. Diese sind „Hinwendung, Bestätigung und Akzeptanz, Authentizität und Beteiligungsbefugnis" (Buber, 2009, S. 293 f.).

Zunächst findet im echten Gespräch die unmittelbare „Hinwendung" zum/r GesprächspartnerIn statt. In der Hinwendung nehmen die GesprächspartnerInnen sich gegenseitig als individuelle Subjekte wahr. Das heißt, jede/r wird vom Anderen in der jeweiligen Vollkommenheit angenommen, als diese Person, die anwesend ist (vgl. Buber, 2009).

Die GesprächspartnerInnen vergegenwärtigen sich nicht nur, sie nehmen sich ebenso als gleichgestellte PartnerInnen wahr. Dies bedeutet wiederum konkret, dass die GesprächspartnerInnen einander bedingungslos annehmen und der/die SprecherIn seiner/ihrer PartnerIn bestätigende Äußerungen mitteilt. Eine dialogische Kommunikation nach Buber schließt somit die Bestätigung und damit einhergehend die Akzeptanz der anderen Person ein.

Andererseits wird mit einer bestätigenden Äußerung nicht ein bedingungsloses Einverständnis des Gegenübers gemeint. Vielmehr wird der/die PartnerIn mit seinen/ihren Lebensperspektiven respektiert, akzeptiert und anerkannt und dies trotz der möglichen Widersprüchlichkeiten, die in der Interaktion auftreten können. Demzufolge besteht keine richtige oder falsche Ansicht im Gespräch. Alles hat seine Berechtigung und ist aus der Wahrnehmungsperspektive der jeweiligen Person richtig (ebd.).

Die aktive Beteiligung beider GesprächspartnerInnen an der Begegnung mit einer gleichberechtigten Stellung ist für einen Dialog erheblich. Ein echtes Gespräch gibt beiden PartnerInnen einen Raum, sich offen und ohne Bedenken zu äußern und zu beteiligen (ebd.).

Sobald die Betroffenen im Gespräch nicht die Möglichkeit erhalten, ihre eigenen Ideen, Meinungen, Vorstellungen, sich selbst authentisch einzubringen, wird von einer „Verkürzung oder Verschiebung des Geistes" gesprochen. Losgelöst von der Legitimität dessen, was im Gespräch gesagt oder nicht gesagt werden darf, soll eine „Rückhaltlosigkeit" bestehen (Buber, 2009, S. 294 f.).

Für die Ermöglichung einer rückhaltlosen Gesprächsbeteiligung soll der „Schein" bewältigt werden. Das bedeutet, dass die GesprächspartnerInnen weniger sich selbst im Gespräch durchsetzen oder repräsentieren wollen (vergleichbar mit einem Machtkampf bzw. Durchsetzungskampf), sondern eine gleichberechtigte und authentische Begegnung angestrebt wird (ebd.).

Die aufgeführten Verhaltensweisen und Haltungen im dialogorientierten Gespräch spiegeln sich ebenso in dialogorientierten Beratungen wider. Angepasst an der besonderen Form der Beratung als Interaktionsgeschehen sind ein dialogorientiertes Beratungsverständnis und dementsprechend ein Beratungskonzept herausgearbeitet worden.

4.3 Dialogorientiertes Beratungsverständnis

Beratung wird nach dialogischem Prinzip als ein lebendiges Geschehen definiert, das sich weder vorbestimmen lässt noch in seiner Gesamtheit erfasst werden kann. Indes wird davon ausgegangen, dass eine schematisierte Vorprogrammierung die Offenheit, Aufgeschlossenheit und Einmaligkeit des Beratungsgeschehens nimmt (vgl. Fuhr, 1991).

Aus diesem Grund ist es wichtig, einleitend zu verdeutlichen, dass das dialogische Beratungskonzept nicht als verallgemeinernd mit festen Angaben für jede Beratungspraxis angenommen werden darf. Orientiert an der jeweiligen Beratungspraxis kommt es unverkennbar auf die Persönlichkeit der BeraterInnen, die institutionellen Rahmenbedingungen, den politischen Vorschriften und die einzelfallgerechte Beratungskonstellation an. An diesen Rahmenbedingungen angepasst kann eine Dialogorientierung entsprechend einzelner Bedarfe durchgeführt werden. Demgemäß kann der folgende dialogische Orientierungsrahmen für Beratungen nur in einem vielfältigen und situationsbedingten Stil aufgehen. Dialog lebt von der Erstmaligkeit und Spontanität in gegenwärtigen Begegnungen (ebd.).

Dennoch ist ein Orientierungsrahmen mit mehreren Einstellungen bzw. Verhaltensweisen der BeraterInnen entwickelt worden, durch den ein Dialog gezielt gefördert werden soll. Diese Einrahmung wird explizit als ein Raum dargestellt, in dem sich die BeraterInnen die Einzigartigkeit der einzelnen Gespräche vergegenwärtigen und ihren methodischen Stil uneingeschränkt entfalten (vgl. Fuhr, 1991).

Daraus ableitend wird davon ausgegangen, dass

> „Die Aufgabe von Beratung im Sinne einer Persönlichkeitsentwicklung nicht die Beseitigung von Spannungen, Problemen und Widersprüchen (ist), sondern im kreativen Umgang mit ihnen" (Fuhr, 1991, S. 162).

In dialogorientierten Beratungsprozessen geht es darum, dass in der unmittelbaren Begegnung zwischen BeraterInnen und zu Beratenden Lernprozesse unterstützt bzw. gefördert werden. Hiermit kennzeichnet sich das dialogische Beratungsverständnis durch eine stärkenorientierte Begegnung. So fokussiert sich diese Art von Beratung auf die personale Ebene der Persönlichkeitsentwicklung. Mit dieser Grundlogik wird die Annahme vertreten, dass Menschen im gesamten Leben Entwicklungsaufgaben zu überwinden haben. Als eine Entwicklungsaufgabe im Erwachsenenalter kann die Partizipation am Lebensprozess und die Teilnahme an sozialen Ereignissen identifiziert werden. In Bezug auf die Arbeitslosenberatung kann eine Entwicklungsaufgabe die Neuorientierung in der Arbeitslosigkeitsphase sein (vgl. Fuhr, 1991).

Daraus abgeleitet stehen Anliegen, wie etwa Schwierigkeiten bei der Identitätsfindung sowie existentielle Grundfragen, im Mittelpunkt dialogischer Beratung. Demzufolge sollen dialogorientierte BeraterInnen davon ausgehen, dass die zu Beratenden in ihren Handlungsweisen als emanzipierte erwachsene Personen gelten. Diese emanzipierte Haltung kann in bestimmten Lebenssituationen weniger vorhanden sein, dennoch sollen die KlientInnen als eigenständige und eigenverantwortliche Subjekte anerkannt werden. Denn sie sind es, die für ihre eigene Lebenssituation Verantwortung tragen. Die Beratungsentscheidungen nehmen sie in ihren Alltag mit und sollen diese dort umsetzen (vgl. Fuhr, 1991).

Berechtigterweise übernehmen die BeraterInnen keine Verantwortung für die zu Beratenden. Die Verantwortung, die die BeraterInnen in Beratungsprozessen tragen, gilt ihren Einstellungen und Verhaltensweisen gegenüber den zu Beratenden. Im Zentrum einer dialogischen Beratung steht das Anliegen der zu Beratenden. Nur so kann eine Einzelfallorientierung in Beratungen gewährleistet werden (ebd.). Dieser Grundgedanke bedeutet in der Praxis konkret:

> „(…) was der Berater und Klient bei sich und dem anderen im aktuellen Kontaktgeschehen dann wahrnehmen und verstehen, wird herangezogen, um die Inhalte des Gesprächs zu untermauern oder in Frage zu stellen, und auch, um der personalen Bedeutung eines bestimmten inhaltlichen Sachverhalts auf die Spur zu kommen. Auf diese Weise können die aktuellen körperlichen, emotionalen und kognitiven Reaktionsweisen mit der Thematik des Gesprächs verknüpft werden. Der dialogische Berater rekonstruiert zusammen mit dem Klienten sein Anliegen oder Problem aus lebensgeschichtlichen, institutionellen, kulturellen oder existenziellen Perspektiven. Daher ist es hilfreich, wenn der Berater auch über ein gewisses Grundwissen über das Feld verfügt, in dem das Problem entsteht. Andererseits sollte ihn dieses Wissen nicht daran hindern, einem ihm vertrauten Zusammenhang mit dem neugierigen Blick für Erstmaligkeit zu betrachten." (Fuhr, 1991, S. 21)

Damit enthält der dialogorientierte Ansatz einen bedingungslosen partizipativen, akzeptierenden, gegenwärtigen, ganzheitlichen und vielfältigen Charakter. Darüber hinaus spielt Transparenz in der Beratung eine wesentliche Rolle. Im Besonderen sollen einschränkende Rahmenbedingungen (z.B. rechtliche, institutionelle Vorgaben etc.) im Gespräch konkretisiert und authentisch dargelegt werden. Eine Verständigung mit zu Beratenden wird durch interaktionsfördernde Fähigkeit zur Empathie und Perspektivwechsel erreicht (vgl. Molle, 2019).

Zusammenfassend ist grundsätzlich davon auszugehen, dass Beratung eine wertneutrale und gegenseitige Austauschform in der Beziehung zwischen BeraterInnen und zu Beratenden ist. Dabei sollen andere Sinn- und Relevanzstrukturen anerkannt werden. Anerkennung und Wertneutralität sollen auch vorhanden sein, wenn zwischen BeraterInnen und zu Beratenden widersprechende Positionen auftreten und ihre Beziehung als gestört erlebt wird. Das Interesse der dialogorientierten Beratung liegt darin, verschiedene Annahmen bzw. Ansichten der Beteiligten anerkennend zu thematisieren und unterstützend die Persönlichkeitsentwicklung zu fördern (ebd.).

Diese normativen Ansätze dialogischer Begegnung wurden von Fuhr (1991) in einem Beratungskonzept praktisch umsetzbar gemacht.

4.4 Dialogorientiertes Beratungskonzept

In der dialogorientierten Beratung ist die Bedeutsamkeit der Persönlichkeitsentwicklung begreiflich. Auf dieser Grundlage hat Fuhr (1991) ein Phasenmodell für dialogische Beratung entwickelt.

Das Beratungsphasenmodell besteht aus Orientierung, Commitment, Bedeutung und Resümee. Bevor diese vier Gesprächsphasen einzeln zusammenfassend dargestellt werden, wird erneut darauf hingewiesen, dass sie nicht als eine feste Struktur umgesetzt werden dürfen. Beratung ist ein periodischer Prozess, der sich je nach situationsbezogenen Gegebenheiten wiederholen kann. Demgemäß ist es durchaus denkbar, dass die GesprächspartnerInnen im Beratungsprozess aus der ersten Phase nicht herauskommen, weil sich die zu Beratenden und BeraterInnen in der Orientierung nicht auf ein Anliegen verständigen können (vgl. Fuhr, 1991). Deshalb kann sich nur eine flexible Orientierung am Phasenmodell als nützlich erweisen.

In der Orientierungsphase gilt es, das persönliche Anliegen und das Empfinden der zu Beratenden zu erörtern. Die Relevanzstrukturen, Interessen und Belange der zu Beratenden stehen im Mittelpunkt. Dabei ist es besonders wichtig, dass die zu Beratenden sich dazu eingeladen fühlen, dem Beratungsgespräch mit dem/der BeraterIn offen zu begegnen und sich darauf einzulassen. Beide GesprächspartnerInnen teilen sich mit, um eine offene Begegnung zu fördern. An diesem Punkt wird die Beziehungsarbeit angeregt und gezielt ausgestaltet. Die Verantwortung für die Förderung der Beziehungsarbeit wird bei den BeraterInnen gesehen. Auch die bestätigende Haltung kommt in der ersten Phase zur Geltung. Dies geschieht dadurch, dass die BeraterInnen Interesse und Neugierde an der gegenwärtigen Lebenssituation der Personen zeigen und sich an ihren Relevanzen orientieren. Das Beratungsgespräch darf nicht problemzentriert gestartet werden. Die erste Phase strukturiert den weiteren Beratungsverlauf und die Beziehungsgestaltung. Außerdem wird während der Orientierungsphase gezielt die Partizipation der zu Beratenden gefördert. Die zu Beratenden beschäftigen sich mit ihrer Situation und Befindlichkeit und teilen diese und sich aktiv mit (vgl. Fuhr, 1991).

Anschließend wird das Gespräch mit der Commitmentphase fortgesetzt. Nachdem im Beratungsgespräch die aktuelle Situation der zu Beratenden gemeinsam abgeklärt wurde und beide GesprächspartnerInnen sich auf ein Beratungsgespräch einlassen können, wird das Anliegen nun ausführlicher behandelt. Hier wird den zu Beratenden Raum gegeben, die einzelnen Fakten zur Situation näher zu beleuchten und eigene Interpretationen uneingeschränkt mitzuteilen. Damit steigt die Verantwortung der zu Beratenden, denn nachdem sie die Möglichkeit hatten, eigene Befindlichkeiten bzw. die eigene Situation in der ersten Phase uneingeschränkt darzustellen, soll sich die Person nun fokussiert, aber noch nicht lösungsorientiert zum Thema äußern. Dieser Schritt ist nicht zu unterschätzen, denn die in dieser Phase zu behandelnden Angelegenheiten und die daraus abzuleitenden Entwicklungswünsche der zu Beratenden sind der Ansatzpunkt für die Suche nach Lösungen und alternativen Verhaltensweisen (ebd.).

Fortan versuchen die GesprächspartnerInnen miteinander die Bedeutung des fokussierten Anliegens herauszuarbeiten. Die dialogischen BeraterInnen sind hier dazu aufgefordert, die Problemdefinitionen und Relevanzstrukturen der zu Beratenden aus ihrer Perspektive nachzuempfinden. Auch wenn ihre Wahrnehmungskonstruktionen konträr und unvereinbar mit eigenen Wahrnehmungen erscheinen, sind diese für die Betroffenen Wirklichkeit und ebenfalls bedeutsam. In der Bedeutungsphase geht es vornehmlich um die Entschlüsselung des Problems bzw. Anliegens und die Erarbeitung der tiefliegenden Bedeutung des Problems für die Person. Denn die Wahrnehmung einer Situation als problematisch ist nicht selbstverständlich vorgegeben, sondern entwickelt sich aus eigenen Sinnzuschreibungen und Definitionen, die herausgearbeitet werden sollen, um damit umgehen zu können (vgl. Fuhr, 1991).

Abschließend wird rückblickend versucht, für die Zukunft ein zusammenfassendes Fazit aus dem Gespräch zu erarbeiten. In der dialogorientierten Abschlussphase werden persönlichkeitsfördernde Ziele bzw. Alternativen für die nächste Zeit festgelegt. Mit der zukunftsorientierten Zielsetzung sollen die zu Beratenden erst umgehen lernen, einen alltagsnahen Umgang finden. Je nach Resümee stehen den BeraterInnen drei Möglichkeiten zur Verfügung, die dialogische Beratung zukunftsorientiert abzuschließen.

Als erstes besteht die Möglichkeit, dass beide Beratungspartner an der Einstellung des zu Beratenden arbeiten und neue Alternativen entwickeln. Weiters können sie neue Lernprozesse für den zu Beratenden entwickeln und sie praktisch umsetzen. Ansonsten besteht die Möglichkeit, konkrete Handlungsmöglichkeiten bzw. -alternativen herauszuarbeiten. Dabei darf die Einmaligkeit der Person nicht außer Acht gelassen werden. Auch die Besonderheiten jeder beraterischen Begegnung und jeden Gesprächs sollen verinnerlicht werden (ebd.).

Zusammenfassend lässt sich dialogische Beratung als themenzentriert, anerkennend, partizipierend, bestätigend, lebendig, spontan, offen und ganzheitlich wahrnehmend beschreiben. Mit diesen Haltungen der Dialogorientierung wird im nächsten Kapitel die normative Verknüpfung mit dem Beratungsverständnis des Jobcenter XY veranschaulicht.

5 Zusammenführung: Beratung im Jobcenter XY und Dialogorientierung

Nach der Auseinandersetzung mit den Beratungsgrundlagen des Jobcenter XY und den daraus abzuleitenden dialogischen Ansätzen gilt es nun, diese mit dem ausgearbeiteten dialogorientierten Beratungsbegegnungen zu verbinden.

Im Beratungsverständnis und -konzept des Jobcenter XY finden sich Anforderungen einer dialogischen Haltung an Beratungsprozesse wieder. Aus der im Folgenden dargestellten Verbindung wurde die forschungsleitende Fragestellung entwickelt.

Zunächst setzt das Jobcenter XY auf die Zusammenarbeit und Beziehung zwischen BeraterInnen und zu Beratenden für erfolgreiche Beratungsprozesse. Das Ziel der Beratung ist eindeutig die Vermittlung in Beschäftigung. Dabei sollen die zu Beratenden im Mittelpunkt der Beratung stehen. Dies bedeutet, dass die Beratung bedarfsorientiert durchgeführt werden soll. Darüber hinaus sollen die BeraterInnen eine wertschätzende Begegnung auf Augenhöhe ermöglichen. Eine wertschätzende Beratung auf Augenhöhe verweist auf eine Gleichstellung beider GesprächspartnerInnen im Prozess. Die wertschätzende Haltung deutet auf eine Akzeptanz der KlientInnen in ihrem Wesen hin. Hinzufügend wird eine Wertschätzung vermittelt, indem jeder einzelnen Beratungssituation ausreichend Zeit zur Verfügung gestellt wird.

Ebenso findet die dialogisch wertschätzende Begegnung in diesem Verständnis von Beratung Berücksichtigung. Im Dialog wird auch für eine Begegnung auf Augenhöhe plädiert. Die Akzeptanz und Wertschätzung der KlientInnen sind grundlegende Voraussetzungen, um von einem Dialog sprechen zu können. Die GesprächspartnerInnen werden in ihren gegenwärtigen Lebenszuständen angenommen und wertgeschätzt. In einer dialogorientierten Beratung und nach dem Beratungsverständnis des Jobcenter XY stehen die zu Beratenden mit ihren Belangen im Mittelpunkt der Beratung.

Darüber hinaus werden die zu Beratenden im Beratungsprozess als eigenverantwortlich und partizipativ wahrgenommen. Die Begegnung auf Augenhöhe und die gewünschte Förderung der Eigenverantwortung und Mitwirkung weisen auch auf gleichberechtigte Mitbestimmung im Beratungsprozess hin. Die Eigenverantwortung wird durch plausible Ziele, Beteiligung an der Entwicklung der Ziele und klare Entwicklungsschritte gefördert.

Ebenso vertritt die dialogische Haltung die Annahme, dass eine partizipative Beteiligung, Selbstständigkeit und Eigenverantwortung am Prozess notwendig sind, denn die einzelnen Personen nehmen die vereinbarten Ziele in ihren Alltag mit. Nur sie können die Plausibilität der Ziele für den eigenen Alltag abschätzen. Umso wichtiger ist es, sie einzubeziehen, um für sie wirkungsvolle Schritte zusammen zu erarbeiten und sie zu motivieren.

Andererseits geht es im Konzept des Jobcenters um eine stärkenorientierte Beratung. Zumindest in der Theorie des Beratungsverständnisses sollen keine Barrieren oder Hemmnisse der einzelnen zu Beratenden fokussiert behandelt werden. Die Beratung soll sich auf die Stärken der KlientInnen konzentrieren und diese als Arbeitsgrundlage nehmen. Der Grundgedanke dabei ist, dass die Menschen trotz ihrer Hemmnisse in Arbeit integrierbar sind. Aus diesem Grund sollen nicht die vorhandenen Hemmnisse abgebaut werden, sondern die Befähigungen zentralisiert werden. Wie jedoch bereits angemerkt, wird eine Diskrepanz zwischen dem Beratungsverständnis mit einer Stärkenorientierung und dessen konkreter Umsetzung im Konzept mit dem Fokus auf einem Hemmnisabbau festgestellt. In der Umsetzung werden nicht vorhandene Ressourcen gestärkt, weshalb eine Problemorientierung im Beratungskonzept erkennbar wird. Dennoch geht es zumindest im Beratungsverständnis und in der dialogorientierten Beratung nicht um eine defizit- oder problemorientierte Arbeit, sondern um eine Stärkenorientierung.
Wie im vorherigen Kapitel ausführlicher herausgestellt, geht es in einer dialogischen Beratung um Persönlichkeitsentwicklung. Damit geht einher, dass die Hemmnisse nicht den Kern der Beratung ausmachen und dass Hemmnisse und Problemlagen akzeptiert

und angenommen werden. Ferner werden die Problemlagen von den betroffenen Personen überhaupt erst als solche definiert. Sie treffen eine subjektive Bewertung und definieren nach eigenen Kriterien einen Lebensaspekt als ein Problem - oder eben nicht. Die zu Beratenden sollen in beiden Beratungsverständnissen in ihrem Lernprozess unterstützt und als Personen in ständiger Entwicklung wahrgenommen werden.

Mit der Anforderung, die zu Beratenden als veränderbare Charaktere zu erleben, wird von den BeraterInnen im Jobcenter eine unvoreingenommene Haltung abverlangt. Im Grundverständnis der beraterischen Haltung wird von einem „frischen Blick“ gesprochen. Die Beratungsprozesse sollen offen gestaltet werden, um Neugier und Motivation an der Zusammenarbeit zu behalten. Auch der dialogische Beratungsprozess, der von einer vollkommenen Akzeptanz der Anderheit ausgeht, sieht keine voreingenommene oder urteilende Haltung vor. Auch hier wird eine Offenheit gegenüber dem Beratungsgeschehen erwartet. Vielfältigkeit und Einzigartigkeit der Menschen werden anerkennend bestätigt. So erhält eine voreingenommene Haltung keinen Platz.

Eine weitere Übereinstimmung zwischen dialogischer Beratung und dem Beratungsverständnis des Jobcenter XY lässt sich in der Art der Begegnung feststellen. Beide gehen von der Bedeutsamkeit einer persönlichen Begegnung aus. Die zu Beratenden sollen die volle Aufmerksamt der beratenden Fachkraft erhalten und Neugier bzw. das Interesse am Kontaktgeschehen und an ihnen selbst spüren. Die Fokussierung der Aufmerksamkeit auf die GesprächspartnerInnen wird in der dialogischen Theorie als „Hinwendung“ bezeichnet.

Um eine Arbeitsvermittlung als Beratungsziel zu erreichen, werden dialogische Ansätze angewendet - zumindest im normativen Beratungsverständnis. Abseits der Beratungsverständnisse werden nun die Umsetzungskonzepte miteinander verglichen.

Im Beratungskonzept des Jobcenters wird die Umsetzung der oben genannten Haltungen als ein Beratungsideal für die Erreichung einer Beschäftigung hingenommen. In der praktischen Umsetzung wird eine Diskrepanz in den Punkten Kooperation und Zusammenarbeit festgestellt. Hier wird die kooperative Zusammenarbeit in der Festlegung der Beratungsziele als „idealerweise" gekennzeichnet. Die Verbindlichkeit des Beratungsverständnisses findet im Konzept als ein Idealbild keine Berücksichtigung. Die Umsetzung der dialogischen Haltungen im Jobcenter XY werden vom Idealfall abhängig gemacht.

Das Beratungskonzept des Jobcenters setzt einen formalisierten Rahmen der Beratung an. Das Phasenmodell im Beratungskonzept ist in seiner vorgestellten Reihenfolge fixierend vorgegeben.

Auch die Inhalte der Beratung bzw. die vereinbarten Entwicklungsschritte und der Handlungsplan haben einen verbindlichen Charakter, da diese in Form einer EGV geltend gemacht werden. Die BeraterInnen sollen anhand von Ressourcenkategorien feststellen, welche fehlenden Ressourcen gezielt gefördert werden sollen. Eine besondere Ausfälligkeit ist die dichotome Erhebung der Ressourcen als „vorhanden" oder „nicht vorhanden". Hier wird anschaulich, dass eine konkrete Rahmensetzung in der Beratung vorhanden ist. Die postulierte bedarfsorientierte, offene Gesprächsführung erscheint vor dem Hintergrund der festgelegten Kategorien und der „Wenn-Dann-Logik" nur eingeschränkt realisierbar zu sein.

Andererseits wird von einer unvoreingenommenen Haltung gegenüber den zu Beratenden gesprochen und gleichzeitig sollen diese kategorisch nach ihren Ressourcen beurteilt werden.

Eine dialogische Beratung im oben erläuterten Sinne würde sich stattdessen auf Wirklichkeitsstrukturen und subjektive Definitionen des Individuums fokussieren. Angewandt bedeutet dies, dass die Bedarfe der zu Beratenden nach subjektiv empfundenen Relevanzen erörtert werden und sie selbst ihre Entwicklungsziele aktiv mitbestimmen und zukunftsorientiert einen Handlungsplan mitentwickeln. Damit würde eine klare Eigenverantwortung und Partizipation im Beratungsprozess dominieren. Im dialogischen Beratungsgeschehen überwiegen Unterstützungsformen der Persönlichkeitsentwicklung und einzelfallbezogene, offene Begegnungen.

Daraus ergibt sich die Feststellung, dass das Beratungskonzept des Jobcenters nicht dialogisch orientiert angelegt ist. Zwar lassen sich im theoretischen Beratungsverständnis normative Verknüpfungen zum Dialog klar nachweisen, diese finden sich im Konzept jedoch nicht wieder. Das Konzept erweckt eher den Eindruck eines kategorisch schematischen Ablaufs der Beratung, wodurch dialogische Ansätze eingeschränkt realisierbar werden. Aus dieser Erkenntnis heraus wurde meine Forschungsfrage entwickelt.

6 Forschungskonzeption

6.1 Forschungsinteresse

Das Beratungskonzept des Jobcenters XY weist an mehreren Stellen Diskrepanzen zum dialogorientierten Beratungsverständnis auf. Es stellt sich somit die Frage, inwieweit eine dialogische Haltung in Beratungsgesprächen im ausgewählten Jobcenter vorhanden ist. Es soll also untersucht werden, inwieweit eine dialogorientierte Haltung in einem formalisierten Beratungskontext - formalisiert durch rechtliche Vorgaben, Rahmenbedingungen und Beratungskonzept - umgesetzt werden kann.

Um die Ausgangsforschungsfrage zu beantworten, sind zwei weitere Fragen von Interesse. Zunächst muss geklärt werden, wie die Beratungspraxis im Jobcenter XY aussieht.

Hierzu sind qualitative Forschungsinstrumente wie ein offene Interviewform die geeignete Methode. Dies bedeutet, dass der/die befragte BeraterIn seine/ihre Beratungserlebnisse frei erzählen kann, um dann zu durchleuchten, welche dialogischen Haltungen sich in der erforschten Beratungspraxis wiederfinden lassen. Es werden hierdurch ggf. auch Grenzen dialogischer Haltung in der Beratungspraxis aufgezeigt und die Gründe für die Grenzen aufgedeckt.

Das Forschungsvorhaben kann somit am besten anhand eines Interviews durchgeführt werden. Dieses Vorgehen ermöglicht Einblicke in ihre/seine Wahrnehmungsstrukturen, Erfahrungen und Erlebnisse mit Beratungsprozessen im Jobcenter XY. Orientiert an den Wirklichkeitsstrukturen des/der jeweiligen InterviewpartnerIn bietet sich eine offene Erhebungsform an.

6.2 Methodologie

Grundsätzlich ist es im Rahmen eines Forschungsprojektes wichtig, sich zunächst mit der zugrunde gelegten Methodologie auseinanderzusetzen. Mit der ausgewählten Methodologie entsteht ein theoretischer Begründungsrahmen für die methodische Vorgehensweise. Infolgedessen wird die Legitimation der ausgewählten Methode im wissenschaftlichen Zusammenhang erlangt (vgl. Strübing, 2013).

Für den vorliegenden Forschungsansatz eignet sich ein qualitativ empirisches Forschungsvorgehen. Zum einen legt es die Forschungsfrage nahe, methodisch eine qualitative Herangehensweise zu wählen, um offen explorieren zu können, welche Beratungspraxis im Jobcenter realisiert wird. Zum anderen wird damit ermöglicht, sich auf die interviewte Person offen ohne thematische Einschränkung einlassen zu können, um dann die Sinnstruktur herauszuarbeiten.

Alle nachkommenden Forschungsschritte folgen der Logik der qualitativen Forschung und müssen dieser auch gerecht werden. Die nachfolgenden Kriterien dieser Forschungsart lassen sich wie ein Orientierungsfaden in der vorliegenden empirischen Forschungsarbeit begreiflich machen.

So hat qualitative Forschung den Anspruch, Lebenswirklichkeiten realitätsnah aus der Wahrnehmung der betroffenen Menschen zu durchleuchten. Hierdurch wird eine bessere Verständlichkeit der sozialen Gegebenheiten gefördert und gleichzeitig vorhandene Ordnungsmuster, Abläufe und Strukturmerkmale aufgezeigt (vgl. Flick & Kardoff u.a., 2017; Diekmann, 2018; Rosenthal, 2015; Kruse & Weber u. a., 2015).

Anders können diese sozialen Wirklichkeiten für Außenstehende aufgrund fehlender Betroffenheit bzw. Auseinandersetzung nicht nachvollziehbar werden. Diese Forschungsmethodologie zeichnet sich durch Nähe zum Forschungsfeld und Offenheit gegenüber den zu gewinnenden Erkenntnissen aus. Die Offenheit gegenüber der Einmaligkeit der befragten Personen und gegenüber subjektiven Erfahrungswelten sind grundlegende Fundamente qualitativer Forschung (ebd.).

Für die angestrebte Forschungsarbeit sind außerdem auch die Kennzeichen qualitativer Forschungspraxis handlungsleitend. Eine auf qualitativen Forschungsgrundsätzen beruhende empirische Forschung soll eine zur Fragestellung passende Methode auswählen. Die qualitative Forschung als Methodologie beinhaltet ein Instrumentarium an unterschiedlichen Erhebungsmethoden. Wie anfangs erläutert, ist diese Methodologie an den spezifischen Erfahrungswelten der Betroffenen interessiert, weshalb das Erhebungsverfahren sich auch daran orientiert und Betroffene im Kontext ihrer Wirklichkeitsstruktur befragt (vgl. Flick & Kardoff u.a., 2017; Diekmann, 2012; Rosenthal, 2015; Kruse & Weber u. a., 2015).

Damit erfährt die Einmaligkeit der einzelnen Erhebungen und die Unterschiedlichkeit der Erfahrungen der Betroffenen Berücksichtigung. Darüber hinaus sind die Berücksichtigung eigener Subjektivität und die Reflexivität als Forschende Bestandteile des Forschungsdesigns. Aus diesem Grund wurde einführend der Entstehungszusammenhang meines Forschungsinteresses thematisiert. Grundsätzlich ist eine rein objektive Haltung schwer möglich, weshalb die eigene Wahrnehmung und die eigene Rolle als Forscherin ein transparenter Bestandteil des Forschungskontextes darstellen sollen. Insbesondere bei der Erhebung der empirischen Daten ist eine vollkommene Offenheit notwendig, um das uneingeschränkte Einlassen auf Einzelfälle erst möglich zu machen (vgl. Flick & Kardoff u.a., 2017; Strübing, 2013).

Weil qualitative Forschung Alltagssituationen anhand der Wirklichkeitsstrukturen der Betroffenen im gegenwärtigen Geschehen untersucht, wird für diese Studie das rekonstruktiv qualitative Forschungsverfahren ausgewählt. Im Unterschied zu qualitativer Forschung stehen in der rekonstruktiv qualitativen Forschung Strukturen, die Bestand haben, bzw. Objektivationen im Zentrum des Interesses. Das bedeutet, dass die Forschungsergebnisse von der rein subjektiven Darstellung der Befragten abgelöst aufgezeigt werden. Dementsprechend ist eine Zustimmung der Betroffenen zu der erarbeiteten Sinnstruktur nicht notwendig (vgl. Kruse, 2015). Um zu erforschen, inwiefern eine dialogorientierte Haltung im formalisierten Beratungskontext vorhanden ist, werden rekonstruktiv die Beratungsstruktur und die tiefliegenden Zusammenhänge losgelöst von der subjektiven Interpretation der Beratungsfachkraft sichtbar gemacht.

Rekonstruktive Ansätze stellen Grundlagen im Sinne von tragenden Strukturen des Geschehens fest. Dabei wird konkret danach gefragt, was diese Geschehnisse unabhängig von den Absichten der Beteiligten strukturieren. Zuerst werden dafür die Wirklichkeitsstrukturen, eigene Definitionen und Relevanzen der zu Interviewenden erhoben, um danach die dahinterstehenden Objektivationen und Strukturen zu beleuchten (ebd.).

> „Bei der Unterscheidung zwischen qualitativ versus rekonstruktiv wird deutlich, dass qualitative Forschung zuerst eher die umfassende und detaillierte, deskriptive Analyse stets sinnhafter sozialer Wirklichkeit darstellt. Rekonstruktive Forschung versucht ‚den Sinn hinter dem Sinn' zu erschließen. Das heißt nicht mehr als der Interviewte sagt, aber mehr als ihm bewusst ist - die Sinnstruktur." (Kruse, 2014, S. 25).

Dies ist der wesentliche Unterschied beider Forschungsansätze. Die vorherigen Grundsätze und Kennzeichen qualitativer Forschung gelten auch für die rekonstruktive qualitative Forschung. Nach der Festlegung passender Methodologie wird ein passendes Forschungsdesign determiniert.

Unter qualitativen Methoden lassen sich verschiedene Grundlagentheorien, theoretische Positionierungen, Erhebungsherangehensweisen und Auswertungsmethoden subsumieren. Ausgehend vom Grundsatz, dass die Interpretation qualitativer Methoden nicht auf der quantitativen Häufigkeit des Auftretens gewisser sozialer Wirklichkeiten beruht, sondern eher mit dem Anspruch auf Generalisierung am Einzelfall bzw. durch dichte Beschreibung des interessierenden Forschungsfeldes Sinnstrukturen beleuchtet, wird nachfolgend das methodische Vorgehen skizziert (vgl. Rosenthal, 2015).

6.3 Methodik

6.3.1 Forschungsmethode und Erhebungsinstrument

Als Forschungsinstrument bietet sich das Experteninterview an. Damit soll die Perspektive einer Beratungsfachkraft aus dem Jobcenter XY erhoben werden. Das Experteninterview findet leitfadengestützt statt. Der Interviewleitfaden soll hierbei als Orientierungsrahmen dienen.

Bei meinem Forschungsvorhaben handelt es sich um ein eingegrenztes Thema. Um sicherzustellen, dass alle wichtigen Aspekte in Bezug auf eine dialogorientierte Beratung vom zu Interviewenden angesprochen werden, ist ein offenes Leitfadeninterview die passende Methode.

Diese Form qualitativer Interviews setzt eine persönliche Interaktion zwischen Interviewerin und zu Interviewenden voraus. In der persönlichen Erhebung können sowohl Hintergründe erfragt als auch Unklarheiten beseitigt werden. Ferner besteht die Möglichkeit, durch die offene Struktur orientiert an Relevanzstrukturen der befragten Person neue thematische Aspekte zu gewinnen. Damit ergibt sich eine hohe Realitätsnähe und das Vorgehen kann zu einer offenen und authentischen Beantwortung der Fragen beitragen (vgl. Bortz & Döring, 2015).

Das Experteninterview wird mithilfe eines Leifadens durchgeführt. Diese Forschungsmethode gilt als eine besondere Form des Leitfadeninterviews. Ein Leitfaden wird als eine Folge von Sachfragen verstanden, die aus einem Forschungsinteresse thematisch abgeleitet werden und von Befragten beantwortet werden, um umfassende Erkenntnisse zum Forschungsvorhaben zu erhalten (vgl. Przyborski & Wohlrab-Sahr, 2012).

Bei dieser Vorgehensweise ist es wichtig, die Prinzipien interpretativer Forschung so zur Anwendung zu bringen, dass auch das „Leitfadeninterview“ im Sinne eines qualitativen Erhebungsinstruments eingesetzt werden kann. Die flexible Orientierung am Leitfaden wird im Rahmen der Selbstläufigkeit des Prozesses interpretiert. Dies bedeutet, dass ein offenes Leitfadeninterview weder vollkommen strukturiert noch vollkommen unstrukturiert ist. Es verfährt nach einem bestimmten zu befolgenden Ablaufschema und es ist gleichzeitig auch thematisch in spezifischer Hinsicht eingegrenzt (ebd.).

Die Besonderheit dieser Erhebungsmethode liegt unter anderem im Expertenstatus der InterviewpartnerInnen. Daraus ergibt sich, dass die/der Befragte nicht als Subjekt im Mittelpunkt der Forschung steht, sondern als FunktionsträgerIn innerhalb des jeweiligen institutionellen Kontextes definiert wird (vgl. Mayer,

2008; Przyborski & Wohlrab-Sahr, 2012; Strübing, 2013; Kruse, 2015).

Der Expertenstatus soll in der Interpretation berücksichtigt werden, denn in der späteren Analyse der Daten steht das institutionell angebundene Expertenhandeln im Fokus. Ausgehend von der rekonstruktiv qualitativen Forschungsannahme sollen Objektionen und die dahinterliegenden Strukturen der subjektiven Darstellungen herausgearbeitet werden. Demnach steht weder in der ausgewählten Methodologie (rekonstruktiv qualitative Forschung) noch in der ausgewählten Erhebungsmethode (Experteninterview) die Person als Subjekt im Mittelpunkt der Interpretation (ebd.).

Die BeraterInnen im Jobcenter erhalten im Rahmen dieses Forschungsansatzes den Expertenstatus, da sie als FunktionsträgerInnen mit ihrer institutionellen Anbindung ans Jobcenter XY berücksichtigt werden. In den Beratungsgesprächen des Jobcenters treten sie in ihrer Funktionsrolle mit einem spezifischen Rollenwissen auf, sodass sie den Expertenstatus berechtigterweise erhalten haben.

Bei der Auswahl der InterviewpartnerInnen wurde zusätzlich das für die Arbeit relevante Expertenwissen berücksichtigt. Es bestehen insgesamt drei Arten von Expertenwissen. An diesen orientiert sich die empirische Forschung, je nach Erkenntnisinteresse. Demnach werden Experteninterviews in Anbetracht der unterschiedlichen Formen des Expertenwissens durchgeführt. Das heißt auch, dass folgende drei Perspektiven des Expertenwissens sich in einem Forschungsvorhaben durchaus überschneiden können, dennoch unterscheiden sie sich analytisch (vgl. Meuser & Nagel, 2009; Meuser & Nagel, 1991; Kruse, 2015).

Die drei Arten von Expertenwissen sind Betriebswissen, Deutungswissen und Kontextwissen. Die erste Form stellt Kenntnisse des/der ExpertIn über Abläufe und Ordnungsmuster im institutionellen Rahmen in den Vordergrund. Beim Deutungswissen geht es im Gegensatz dazu um den Auslegungseinfluss des/der ExpertIn in Bezug auf die Wahrnehmung des Phänomens. Durch seine/ihre institutionelle Rolle besteht eine Form der Inanspruchnahme und Erbringung von Deutungsmacht. Die letzte Form ist

Kontextwissen, hier ist das Wissen über andere im Zentrum der Forschung stehende Akteure relevant (ebd.).

Die BeraterInnen haben in ihrer institutionellen Funktion im Jobcenter auch in Bezug auf die Umsetzungsmöglichkeit dialogischer Haltung in Beratungsgesprächen eine Deutungsmacht. Auch wird durch ihre Deutungsmacht klargestellt, ob das dialogische Beratungsverständnis im formalisierten Beratungskontext möglich ist und welche Grenzen der Dialog erfährt. Demnach ist das Deutungswissen der ExpertInnen im vorliegenden Forschungsvorhaben relevant, um ihre eigenen Rollenzuschreibungen als BeraterInnen und die Sinnstruktur herauszuarbeiten.

Die Methode des Experteninterviews schlägt bei der Durchführung des leitfadengestützten Interviews ein Ablaufschema vor, um die Gütekriterien der qualitativen Forschung zu garantieren. Der zugeschriebene Expertenstatus findet sich in der Durchführung des Experteninterviews konkret wieder. Das Interview soll dementsprechend mit der Ansprache der BeraterInnen als ExpertInnen starten, oder mit der Möglichkeit, dass die zu Interviewenden sich in ihrer institutionellen Expertenrolle vorstellen (vgl. Przyborski & Wohlrab-Sahr, 2012).

Unter Berücksichtigung der Offenheit als Kriterium qualitativer Forschung beginnt das Interview inhaltlich mit einem erzählfördernden Eingangsstimulus. Somit wird den ExpertInnen die Möglichkeit gegeben, über die Beratungssituationen im Jobcenter XY in ihrer Erzählstruktur und nach eigenen Relevanzstrukturen zu berichten (ebd.).

Die Selbstläufigkeit soll hier beachtet werden. Die Selbstläufigkeit gibt den Befragten die Möglichkeit, eigene Wirklichkeitsstrukturen offen und vertiefend, ohne den Einfluss durch den/die InterviewerIn, darzustellen. Sobald Unklarheiten entstehen oder beispielhafte Veranschaulichungen von mir als Interviewerin erwünscht sind, können diese im Erzählfluss eingebracht werden. Immanente Nachfragen sind an dieser Stelle wünschenswert, um die Befragten zum Nachdenken anzuregen und Kontextualität beizubehalten (ebd.).

Insgesamt ist davon abzusehen, Fragen einzeln zu stellen, die bereits in den Darstellungsteilen beantwortet wurden, nur um den entwickelten Leitfaden formal abzuarbeiten. Der Leitfaden soll sich an der befragten Person orientieren und nicht umgekehrt. Falls bestimmte forschungsrelevante Themen von den Befragten in der Erzähl-Darstellungsstruktur nicht behandelt werden, sollen diese im nächsten Schritt in Form von exmanenten Nachfragen thematisiert werden (vgl. Przyborski & Wohlrab-Sahr, 2012).

Das Kriterium der Spezifität kommt auch hier zur Geltung, in dem die spezifischen Themenkomplexe jeweils mit einer offenen Eingangsfrage angesprochen werden. Insbesondere falls Deutungswissen im Interview interesseleitend ist, soll im Abschlussteil eine provokative Fragestellung dazu dienen, die Person zur Stellungnahme zu bewegen und dadurch Deutungen erforderlich machen. Folglich werden auch Einschätzungen, Prognosen und Schlussfolgerungen zu Tage gefördert (ebd.).

Daran orientiert wird im durchzuführenden Experteninterview der/die InterviewpartnerIn mit der provokativen These konfrontiert, dass in der Literatur Beratungsgespräche im Jobcenter oft als problematisch und konfliktreich beschrieben werden. Hierzu besteht die Möglichkeit, Stellung zu nehmen.

Trotz der theoretisch hergeleiteten Themenblöcke, die in den Interviewleitfaden eingeflossen sind, stehen Erlebnisse, Erfahrungen, Definitionen, Wahrnehmungen, Interpretationen usw. der zu Interviewenden in Bezug auf Beratungsgespräche im Jobcenter XY im Fokus des Interviews.

6.3.2 Leitfadenentwicklung

Der Leitfaden bietet eine Orientierungsstruktur, jedoch ist eine starre Festlegung der Interviewstruktur am ausgearbeiteten Leitfaden falsch. Der Leitfaden ist anhand dialogischer Grundsätze entwickelt worden. In der thematischen Orientierung spielten die dialogischen Haltungen (s. Kapitel 4-5) eine wesentliche Rolle für die Entwicklung des Leitfadens. Ebenfalls sind die dialogischen Anforderungen, die das normative Beratungsverständnis des Jobcenter XY vorgibt, berücksichtigt worden.

Merkmale wie Partizipation und Eigenverantwortung der zu Beratenden in der jeweiligen Beratungspraxis wurden bei der Erstellung des Leitfadens berücksichtigt. Weiters war die Erforschung einer unvoreingenommenen Haltung (frischer Blick), einer Begegnung auf Augenhöhe, die Offenheit und Einzelfallorientierung der BeraterIn im Beratungsprozess von Interesse.

Mit dieser thematischen Rahmung wurde für die Entwicklung des Leitfadens die methodische Vorgehensweise „SPSS" nach Helfferich (2011) angewendet.

Die Abkürzung „SPSS" beinhaltet verschiedene Entwicklungsschritte, die bei der Leitfadenerstellung Berücksichtigung finden sollen. Dabei geht es konkret um Sammlung, Prüfung, Sortierung und Subsumierung der inhaltlichen Forschungsfragen, die in dieser Reihenfolge überarbeitet werden sollen (vgl. Helfferich, 2011).

Die Entwicklung des Leitfadens erfolgt mit dem ersten Schritt des Sammelns. Alle themenrelevanten Fragen wurden zunächst gesammelt und zusammengetragen. Eine konkrete Forschungsfrage erleichtert diesen Schritt, da es hier um das konkrete Erkenntnisinteresse geht und darum, dafür die richtigen Interviewitems zu finden. Eine Auseinandersetzung mit der Forschungsidee und dem theoretischen Zusammenhang ist in diesem Kontext unabdingbar (vgl. Helfferich, 2011).

Als Grundlage für die Sammlung der thematischen Fragekomplexe sind die Merkmale des „echten Gesprächs" (s. Kapitel 4.2), die eine dialogorientierte Beratung charakterisieren, übernommen worden. Aus den verschiedenen dialogorientierten Handlungen, wie z.B. Anerkennung, Bestätigung usw., sind verständliche Fragen entworfen worden, die diese operationalisieren. Die offene Formulierung der Fragen ist beachtet worden, um nicht indirekt Einfluss auf die Antworten der Befragten zu nehmen.

Im nächsten Schritt sind die zusammengestellten Fragen genauer betrachtet worden. Bei der Prüfung der Fragen kommt es auf ihre Brauchbarkeit und Offenheit an. Bestimmte Fragen beantworten sich in der Darstellungsphase selbst oder überschneiden sich mit anderen Fragen. Diese Überschneidungen gilt es zu vermeiden.

Ein weiterer Aspekt, der beachtet werden soll, ist eine zielgruppenspezifische Formulierung der Fragen (vgl. Przyborski & Wohlrab-Sahr, 2012; Helfferich, 2011).

Mit den verbliebenen Fragen beginnt der Prozess des Sortierens. Die einzelnen Fragen wurden thematisch in Form von Fragenkomplexen gebündelt (ebd.).

Der Leitfaden für die BeraterInnen enthält fünf Themenkomplexe. Der Eingangsstimulus startet mit der offenen Fragestellung zur Beratung im Jobcenter XY, gefolgt vom Umgang bzw. den Verhaltensweisen der BeraterIn in Beratungen, nachgefolgt vom Beratungsverständnis bzw. Faktoren gelungener Beratungsgespräche, um mit einem Schlussteil zu enden. Zusätzlich enthält der Interviewleitfaden auch den Diskussionsteil mit der provokativen These, um eine Stellungnahme auszulösen.

Im letzten Leitfadenentwicklungsschritt ist subsumiert worden. Diese Endbearbeitung beinhaltet die Entwicklung von offenen, erzählfördernden Einstiegsfragen für die einzelnen thematischen Bündelungen. Die Herausforderung in der Erstellung der offenen Oberfragen liegt darin, dass damit ermöglicht werden soll, dass die Befragten die zentralen Aspekte selbst in ihrer eigenen Erzählstruktur darstellen, ohne dass die InterviewerInnen auf exmanente Nachfragen zurückgreifen müssen (vgl. Przyborski & Wohlrab-Sahr, 2012).

Mit der theoretischen Sensibilisierung und auf der Grundlage der entwickelten Methodik ist die empirische Studie durchgeführt worden. Im Anschluss an der Interviewdurchführung wurde dieses zunächst transkribiert.

6.3.3 Transkriptionsregeln

Für die Auswertung des Experteninterviews ist eine Transkription notwendig. Mit dem transkribierten Datenmaterial kann die Auswertung erst beginnen (vgl. Przyborski & Wohlrab-Sahr, 2012; Meuser & Nagel, 2009; Helfferich, 2011).

Bevorzugt wurden die einfachen Transkriptionsregeln nach Breuer & Muckel u.a. (2018) angewandt. Dabei wird das Interview zunächst wortgetreu, ohne eine Formung oder Beschönigung vorzunehmen, transkribiert. Daher sind sprachliche Fehler mittranskribiert worden. Für eine bessere Orientierung enthält das Transkript Zeilennummerierungen.

Folgende Zeichen wurden für die Transkription übernommen:

> „(*): sprachbegleitendes „hm", „hmhm" o.ä. (...) in einen laufenden Gesprächsbeitrag hineinschreiben:
>
> // lacht// als Einfügung in einen Sprech-Text: die Sprecherin lacht:
>
> (...): unverständliche/s Wort/e:
>
> (/): auffällige Gesprächspause. Evtl. mit Dauer-Angabe (/15 sec./)" (Breuer & Muckel u.a., 2018, S. 247)

Einer der einzuhaltenden Grundsätze beim Transkribieren ist, dass die Transkription, entsprechend den Voraussetzungen qualitativer Forschung, transparent und verständlich gemacht werden soll. Daher soll der Kontext des Geschehens verdeutlicht werden. Das Kontextwissen sorgt für die Nachvollziehbarkeit des Transkriptes (vgl. Breuer & Muckel u.a., 2018).

Dementsprechend wurden allgemeine Informationen zur befragten Beraterin dargestellt. Diese Kontextinformationen betreffen ihren beruflichen Kontext und ihre Berufsbiografie. Auch die Rekrutierung der Interviewpartnerin und der Interviewort etc. werden nachfolgend thematisiert. Die Analyse des Experteninterviews findet anhand des Transkriptes statt.

6.3.4 Auswertungsmethode

Für die Auswertung der Experteninterviews wurde die Datenanalyse nach Meuser & Nagel (2009 & 1991) und die Sequenzialanalyse nach Oevermann (2001) angewendet.

Im Rahmen des interpretativen Paradigmas qualitativer Forschung handeln Subjekte gegenüber Aktionen aufgrund der Sinnzuschreibung. Diese Definitionen bzw. Sinnzuschreibungen sind nicht fest vorhanden, sondern die Menschen erzeugen ihre eigene soziale Wirklichkeit vielmehr in Interaktionen mit anderen. Eigene Sinnzuschreibungen bilden sich fortlaufend und befinden sich ständig in Veränderungsprozessen. Diese Strukturen drücken sich in der Sprache wieder aus (vgl. Rosenthal, 2015).

Die gewählte Sprache der Interviewpartnerin ist keine Zufälligkeit. In der Interviewsituation etwas Gedachtes sprachlich auszudrücken, ist nicht natürlich. Alles ist aufgrund sozialer Prozesse erst für die befragte Beraterin selbstverständlich geworden. Die Sprecherin hat sehr viele unterschiedliche Möglichkeiten, eigenen Sinn sprachlich zum Ausdruck zu bringen (vgl. Kruse, 2015).

Aus der tatsächlich getroffenen Auswahl kommunikativer Sprache können tieferliegende Sinnschichten herausgearbeitet werden, die der Interviewpartnerin möglicherweise unbewusst sind. Durch die Selektion möglicher sprachlicher Ausdrucksalternativen und die Auswahl einer bestimmten Sprechsituation werden unterschiedliche Sinnstrukturen entworfen. An dieser Stelle ist bedeutsam, dass Äußerungen nicht durch eine zufällige Auswahl von der Sprecherin getroffen werden. Mit der Sprache können dahinterliegende erlernte Strukturen interpretiert werden, die symbolisch eigene Relevanzen, Deutungsmuster, Deutungsmacht und/oder Sinnstrukturen vorstrukturieren (vgl. Kruse, 2015).

Um von der detaillierten Beschreibung des Interviewtexts zur Aufdeckung von Wirkungszusammenhängen zu gelangen, soll eine ausführliche Hinwendung zu den Wirklichkeitswahrnehmungen der Einzelnen stattfinden. Dieses Ziel wird durch eine Sequenzialanalyse erreicht. So werden die Prozesse der Entstehung von sozialen Phänomenen zur Darstellung gebracht. Das heißt, soziale Wirklichkeitsstrukturen bzw. vorhandene Ordnungsmuster werden beleuchtet (vgl. Rosenthal, 2014). Damit werden tieferliegenden Sinnschichten einer Textsequenz sequenziell erschlossen (vgl. Oevermann, 2001).

Eine Sequenzialanalyse bietet einen Zugang zur unbewussten Sinnstruktur der Beraterin. Aus diesem Grund wird der Rahmen durch eine detaillierte Wort-für-Wort-Analyse der Eingangssequenz herausgearbeitet. Die Eingangssequenz hat einen wichtigen Stellenwert in der Ausarbeitung der Sinnstruktur, da sie überwiegend die Struktur erschließt, die den weiteren Gang des Gesprächs mitbeeinflusst (vgl. Oevermann, 2001). Auch weitere bedeutsame

Textsequenzen werden sequenziell analysiert, um tiefe Erkenntnisse über die dialogorientierte Beratungspraxis im Jobcenter zu erarbeiten.

Anders geht man bei der Experteninterviewanalyse vor. Die Experteninterviewanalyse beinhaltet die Zusammenführung thematischer Einheiten und inhaltlich zusammengehöriger Passagen im gesamten Interview. Für die Auswertung des Experteninterviews wurde die Datenanalyse nach Meuser & Nagel (2009 & 1991) angewandt.

Die Äußerungen der befragten Expertin wurden im Rahmen ihrer institutionellen Funktion betrachtet und auch in diesem Kontext ausgewertet. Aus dieser Perspektive heraus erfolgen die einzelnen Auswertungsschritte des Datenmaterials (ebd.).

Zunächst soll das Interview in Schriftform vorliegen, weshalb eine Transkription des Expertengesprächs notwendig ist. Anschließend beginnt die eigentliche Auswertungsarbeit mit dem Material.

Folglich wird in der Reihenfolge Paraphrasierung, Festlegung von Überschriften, thematischer Vergleich, soziologische Konzeptualisierung und abschließend theoretische Generalisierung vorgegangen (ebd.).

Die Paraphrasen geben inhaltliche und strukturelle Äußerungen der Befragten in einer chronologischen Abfolge wieder. Dabei ist nah am Text vorzugehen und bei der Erzählstruktur der zu Interviewenden zu bleiben. Bei dieser thematischen Selektion nach der Relevanz der Aussagen für die Forschungsfrage soll möglichst ganzheitlich gearbeitet werden, um wichtige Zusammenhänge nicht zu übersehen (ebd.).

Der nächste Auswertungsschritt sieht eine Verdichtung der erstellten Paraphrasen vor. Eine Verdichtung erfolgt, indem die Passagen mit aussagekräftigen Überschriften versehen werden. Von Vorteil ist es, hierbei die Terminologie der Befragten beizubehalten und ihre Aussagen - falls passend - als Überschrift für die verdichteten Passagen zu nutzen. Ab diesem Schritt findet die Auswertung nicht mehr im Rahmen des einzelnen Interviews statt, sondern geht von mehreren Interviews aus (ebd.).

Der dritte Auswertungsschritt setzt die Arbeit mit mehreren Experteninterviews voraus. Im thematischen Vergleich gilt es nach vergleichbaren Textpassagen und thematischen Einheiten zu suchen und diese zusammenzuführen. Dieser Schritt der Kategorienbildung soll wie der vorherige Schritt textnah geschehen (ebd.).

Eine Ablösung von den einzelnen Textpassagen und von der Ausdrucksweise der Befragten erfolgt in den nächsten zwei abschließenden Auswertungsschritten. Nun findet die soziologische Konzeptualisierung statt, indem die gebildeten Kategorien mit der Anwendung von theoretischer Begrifflichkeit ergänzt bzw. ausgelegt werden. Dabei wird eine Verallgemeinerung der aus mehreren Interviews zusammengeführten Kategorien mithilfe von theoretisch-wissenschaftlichen Ausführungen vorgenommen. Diese Verallgemeinerung der Kategorien führt zu einer gemeinsam geltenden Begrifflichkeit und zu einer allgemeinen Geltung dieser (ebd.).

Diese Kategorien werden im abschließenden Auswertungsschritt theoretisch generalisierend abgeschlossen. Die Darstellung der vorliegenden Schlüsse geschieht theoretisch mit Bezug auf die vorliegenden empirisch gewonnenen Daten (vgl. Meuser & Nagel, 1991; Meuser & Nagel, 2009; Kruse, 2015).

Da dieser Untersuchung ein Experteninterview zugrunde gelegt wird, ist auf Auswertungsschritte, die mehrere Interviews voraussetzen, verzichtet worden. Demnach wurde zuerst paraphrasiert, dann wurden passende Überschriften entwickelt und theoretisch generalisiert. Die theoretische Generalisierung, womit die Zusammenführung des theoretischen Bezugs und des empirischen Materials gemeint ist, rundet dieses Forschungsprocedere ab. Dabei liegt der Fokus in der Erarbeitung der Sinnstruktur der Interviewpartnerin, um daraus ableitend vorhandene Wirklichkeitsstrukturen in der Arbeitslosenberatung aufzudecken. Im Anschluss werden die empirischen Ergebnisse in Anknüpfung an verschiedene theoretische Konzepte diskutiert.

6.4 Realisierung des Forschungsvorhabens

6.4.1 Reflexion meiner Subjektivität als Forscherin

Ein wichtiger Bestandteil qualitativer Forschungsdesigns ist die Reflexion der Subjektivität im Forschungsprozess. Die Auslegung und der bewusste Umgang mit eigener Subjektivität als Forscherin zieht sich durch alle Forschungsschritte, angefangen bei der Entwicklung der Forschungszielsetzung und endend bei der Diskussion der Forschungsergebnisse (vgl. Kessler, 2016; Reichertz, 2015; Reichertz, 2016; Behse-Bartels, 2009).

Zunächst ist festzustellen, dass Subjektivität in der Regel der Auslöser ist, um sich für ein bestimmtes Thema überhaupt zu interessieren. Dies kann jedoch zu einer Perspektivenverengung führen. Subjektivität wird in dieser Auslegung als Beeinflussung des Forschungsprozesses durch Annahmen der jeweiligen Forscherin definiert. Die eigengesteuerte Interessenlenkung der InterviewerInnen ist ein Teil ihrer Individualität, die für subjektive Vorannahmen, eigene Emotionen usw. zuständig sind. Die Anteile eigener Subjektivität in der Forschung können in verschiedenen Etappen im Forschungsvorhaben eine Rolle spielen (ebd.).

Eine unhinterfragte Einflussnahme bzw. Voreingenommenheit durch subjektive Deutungsmuster in der empirischen Forschung erfüllen keineswegs wissenschaftliche Forschungskriterien. Eine wissenschaftliche Vorgehensweise zeichnet sich durch eine bestimmte kriteriengeleitete methodische Art, Forschung zu betreiben, aus. Diese wissenschaftlichen Standardkriterien werden durch typisierte Handlungsweisen ergänzt. Der typisierte Ablauf findet im Rahmen der Festlegung der Theoriegrundlage, Auslegung der methodischen Herangehensweise und Bestimmung des Auswertungsverfahren usw. statt (ebd.).

Auf dieser Basis der Wissenschaftlichkeit soll die Subjektivität im Forschungsprozess wahrgenommen und reflektiert werden. Dementsprechend soll der Forschungsprozess nachvollziehbar, transparent und offen einzelne Vorgehensweisen darlegen. Damit werden Qualität und Glaubwürdigkeit von wissenschaftlicher Forschung sichergestellt.

Ergänzend wird mit den genannten Kriterien verhindert, dass eigene Subjektivität, die nicht vollkommen ausgeschlossen werden kann, zu einer Fehlerquelle wird und Einfluss auf die Forschungserkenntnisbildung nimmt. Die Auseinandersetzung mit der eigenen Subjektivität und die Einhaltung wissenschaftlicher Kriterien hat auch den Vorteil, dass diese im Prozess wiederholend kontrolliert und bewusst gemacht werden (vgl. Kessler, 2016; Reichertz, 2015; Behse-Bartels, 2009).

Wie einführend bereits dargestellt, ist meine berufliche Tätigkeit im Jobcenter XY der Auslöser für mein Forschungsinteresse. Dementsprechend habe ich mich explizit mit der Frage beschäftigt, welche Einflüsse meine beruflichen Erfahrungen auf den Forschungsprozess haben können. Auch habe ich mir bewusst gemacht, welche persönlichen Vorannahmen in Bezug auf die Arbeitslosenberatung im Jobcenter vorhanden sind. Insgesamt stellte ich fest, dass meine Wahrnehmung geprägt ist von den Diskrepanzen zwischen der beobachteten Beratungspraxis im Jobcenter und dem postulierten Beratungsverständnis einer Dialogorientierung. Dementsprechend wurde bei der Entwicklung des Leitfadens das Gütekriterium der Offenheit besonders beachtet. Dabei wurde geprüft, ob die wahrgenommene Diskrepanz nicht als fest vorhanden angenommen wird, sondern offen und unvoreingenommen die Relevanzstrukturen der interviewten Beraterin im Fokus der Forschungserhebung stehen. Mit der offenen, selbstläufigen Struktur des Experteninterviews wurde gewährleistet, dass kein Einfluss auf die Erzählstruktur der Beraterin genommen wurde.

Eine weitere Umgangsweise mit eigener Subjektivität ist die Herstellung einer notwenigen Balance zwischen Nähe und Distanz zum Forschungsfeld und Forschungsvorhaben. Um eine neutrale Betrachtungsperspektive zu stärken, habe ich eine mir unbekannte Beraterin aus einem anderen Standort interviewt. In diesem Zusammenhang erwies sich die Bewusstmachung meiner Rollenwahrnehmung als wichtig. Dementsprechend habe ich mich im Interview als Forscherin vorgestellt und nicht als Mitarbeiterin bzw. Kollegin im Jobcenter.

Schlussfolgernd ist eine wiederholte Überprüfung der Offenheit des Forschungsverlaufs notwendig. In der methodischen Umsetzung und während der Entwicklung des Interviewleitfadens habe ich überprüft, ob ich eine offene Haltung und offen formulierte Fragestellungen beibehalten habe. Dadurch hatte die Beraterin die Möglichkeit, relevante Themen, den Gesprächsverlauf, ihre Meinungen und Interpretationen nach eigenen Relevanzstrukturen zu bestimmen. Auch in der Auswertung wurde eine wertneutrale und offene Haltung als beachtenswerte Forschungsbedingungen gesichert. Zusammenfassend lässt sich konkretisieren, dass

> „Selbstreflexivität ein Zeichen von Professionalität und Güte in der qualitativen Forschung (ist)." (Kessler, 2016, S. 214)

6.4.2 Durchführungsrahmen der Studie

Aufgrund meiner beruflichen Tätigkeit im Hauptstandort des Jobcenter XY erwies sich die Suche nach einer/einem InterviewpartnerIn als einfach. Um zu vermeiden, dass ich bekannte BeraterInnen interviewe und damit ggf. eine unerwünschte Nähe zum Geschehen bekomme, wurden die MitarbeiterInnen der anderen Jobcenterstandorte per Rundmail kontaktiert. Bevorzugt wurden die Beschäftigten kontaktiert, die für Beratung von über 25-Jährigen zuständig sind. Damit wurden Beratungsfachkräfte, die für den finanziellen Leistungsbezug und für zu Beratende unter 25 Jahre zuständig sind, herausgefiltert. Zunächst wurde am 18.01.2019 ein Testinterview mit einer Beraterin durchgeführt, um die Anwendbarkeit des Leitfadens zu überprüfen und die Offenheit der Fragen zu kontrollieren. In der Folge wurde der Leitfaden in Bezug auf sein Verständlichkeit, Offenheit, Nachvollziehbarkeit und die Überschneidung einiger Fragen optimiert. Das Testinterview findet in der vorliegenden Ausarbeitung keine inhaltliche Berücksichtigung.

Nach der Rekrutierung einer passenden Interviewpartnerin aus einem der Jobcenterstandorte im Kreis XY wurde das Interview in einem neutralen Büro vor Ort am 07.02.2019 durchgeführt. Vor Beginn des Interviews wurde das Forschungsprojekt unter dem Titel „Beratungspraxis des Jobcenter XY" vorgestellt. Außerdem wurden Anonymität zugesichert und weitere Absprachen getroffen.

Aus Datenschutzgründen wird die Beraterin im Folgenden anonymisiert ausführlicher beschrieben.

6.5 Dialogische Ansätze im Jobcenter XY: Auswertung des Experteninterviews

Titel des Forschungsprojektes:

„Dialog in Beratungen von Arbeitslosen: Eine empirische Studie zur Beratungspraxis im Jobcenter"

Forschungsfrage:

- Inwieweit sind dialogische Ansätze in Beratungsgesprächen im ausgewählten Jobcenter vorhanden?

Unterfragen:

- Was zeichnet die Beratungspraxis im Jobcenter XY aus?
- Welche dialogischen Ansätze lassen sich in dieser Beratungspraxis wiederfinden?
- Welche Beratungshaltungen sind nicht mit dialogischen Ansätzen übereinstimmend?

6.5.1 Zwischen Unterstützung und Grenzsetzung: Beratung als Instrument zur Arbeitsvermittlung

Die interviewte Beraterin aus dem Jobcenter XY hat ihr Diplom in Pädagogik vor zehn Jahren erworben. Nach ihrem Abschluss war sie in mehreren sozialen Einrichtungen tätig. Beispielhaft führt sie ihre Tätigkeiten in der Altenhilfe und Jugendhilfe an. Seit ca. vier Jahren geht sie ihrer beraterischen Tätigkeit im Jobcenter XY nach. Seither hat sie in verschiedenen Jobcenterstandorten gearbeitet und ist seit ungefähr einem Jahr im gegenwärtigen Jobcenterstandort tätig. Im Jobcenter berät sie sowohl Menschen mit Migrationshintergrund als auch ohne Migrationshintergrund. Im Rahmen ihrer beruflichen Erfahrungen hat sie bereits etliche Beratungsgespräche geführt. Die derzeitige Anzahl ihrer zu Beratenden beträgt 122.

Zum Zeitpunkt des Interviews war die befragte Beraterin fünfundvierzig Jahre alt.

Widersprüchliche Beratungsinteressen – eine „Sandwichposition"

Die Beraterin aus dem Jobcenter XY wird als Expertin dazu eingeladen, alles zu erzählen, was ihr zu den Beratungsgesprächen im Jobcenter einfällt.

> „P2: Ähm, ja also was fällt mir dazu ein. Auf jeden Fall ist es sehr komplex.
>
> P2: Ähm. Also, es ist in jeglicher Hinsicht komplex. Also mit dem Kunden, aber auch wir als Jobcenter mit unserem Arbeitgeber. Ne, weil es ist auch ähh quasi was Politisches. Also die Aufgabe, die wir hier haben, nicht direkt, aber indirekt halt, ne."

Auf die erzählauffordernde Einstiegsfrage spricht sie eine hohe „Komplexität" an. Die Wahrnehmung einer komplexen Struktur der Beratungstätigkeit wird mit der Gegenüberstellung bzw. Trennung wahrgenommener Interessen an der Beratung im Jobcenter begründet. Auf der einen Seite erlebt sie die zu Beratenden, und auf der anderen Seite nimmt sie ihren Arbeitgeber wahr. An dieser Stelle spricht sie dem Arbeitgeber eine politische Dimension zu. Sie erlebt die Beratung im Jobcenter als „was Politisches". Die politische bzw. gesellschaftliche Wahrnehmung eigener Beratungstätigkeit verweist auf das Vorliegen gesellschaftlicher Interessen an der Beratungsarbeit im Jobcenter. Diese politische Anteilnahme ist auf eine unsichtbare und indirekte Weise in den Beratungen vorhanden. Aufgrund der Empfindung ihrer Beratungsarbeit als politisch kann eine erlebte gesellschaftliche Beobachtung ihrer Tätigkeit angenommen werden. Ein gesellschaftliches, öffentliches Interesse an der Beratungsarbeit des Jobcenters besteht an der Verringerung der Arbeitslosigkeit und damit der Vermittlung der Menschen in Beschäftigung.

Aus der Literatur kann entnommen werden, dass die Grundsicherung als häufig debattiertes Thema wahrgenommen wird. Die in Deutschland bestehende Verteilungspolitik steht oft im Mittelpunkt gesellschaftlicher Diskussionen. Bereits Göckler (2009; vgl. auch Sowa & Stapels, 2017) stellte die These auf, dass die Debatten über Arbeitslosengeld im öffentlichen Raum den Druck auf BeraterInnen und zu Beratende im Beratungsgeschehen erhöhen.

Es lässt sich herleiten, dass das von der interviewten Beraterin wahrgenommene politische Interesse an der Arbeitslosenberatung mit dem gesellschaftlichen Druck, Arbeitslose in Arbeit zu vermitteln, zusammenhängt.

An dieser Stelle fällt ihre selbstverständliche Bezeichnung der zu Beratenden als „Kunden" auf. Diese Benennung lässt auf eine geschäftliche Beziehung zwischen der Beraterin und ihren zu Beratenden schließen.

> „P2: Und deswegen ist es halt so manchmal sind wir so wie so in ner Sandwichposition. Und weil da sitzt der Kunde, der unsere Unterstützung braucht, mehr sogar als nur ne ein Beratungsgespräch, und dann haben wir quasi unsere Hauptaufgabe oder unser Ziel halt die Arbeitslosenquote zu verringern oder beziehungsweise den Kunden dann in Arbeit zu integrieren und ihn zu helfen. Und dann müssen natürlich die Zahlen irgendwo auch stimmen oder die Maßnahmen besetzt werden, ne. Und drumherum das Ganze gemacht werden und das spiegelt sich dann natürlich auch im Beratungsgespräch wider, ob man will oder nicht."

Ihre Position als Beraterin wird mit der Metapher „Sandwichposition" bildlich dargestellt.

Damit beschreibt sie ein Zwischensein. Nicht nur die Existenz beider Dimensionen, sondern auch ihre widersprüchlichen Interessen begründen ihre Wahrnehmung von hoher Komplexität in ihrer Beratungsarbeit. Dabei nimmt sie Bezug zu erlebten Interessenwidersprüchen. Das Bedürfnis der zu Beratenden ist es, Unterstützung zu erhalten. Diese erforderliche Unterstützung ist „mehr sogar als nur ne ein Beratungsgespräch".

Das Bedürfnis einer Unterstützung bringt auch Ersuchen um Beistand, Mitwirkung und Hilfe zum Ausdruck. Andererseits sieht sie ihre Hauptaufgabe als Beraterin im Jobcenter darin, die Arbeitslosenquote zu verringern, ihren zu Beratenden zu helfen und diese in Arbeit zu integrieren. Dies ist im Sinne des Gesetzgebers bzw. Arbeitgebers.

Die sprachlich vorgenommene Trennung beider Interessengruppen in der Darstellung ihrer Ziele bzw. Interessen deutet auf eine Widersprüchlichkeit bzw. eine Nichtübereinstimmung der Erwartungen an Beratungsgespräche und an sie als Beraterin.

Deutlich wird, dass das Bedürfnis der zu Beratenden, unterstützt zu werden, abgetrennt wird von dem Ziel, sie in Arbeit zu integrieren. Das Ziel „Integration in Arbeit“ wird auf der Interessenseite des Arbeitgebers erlebt. Die notwendige Unterstützung der zu Beratenden wird demnach als abseits einer Arbeitsaufnahme wahrgenommen. Auch eine Unterstützung im Sinne der zu Beratenden erlebt sie nicht deckungsgleich mit einer Hilfe im Sinne des Arbeitgebers. Dies deutet darauf hin, dass das Unterstützungsbedürfnis der KlientInnen und die Vorstellung des Arbeitgebers, wie diesen zu helfen sei, als nicht kongruent wahrgenommen wird. Die vom Arbeitgeber eingeforderte Hilfeleistung wurde im Zusammenhang mit Integration in Arbeit erwähnt. Dies unterstreicht wieder die wahrgenommenen Widersprüche zwischen dem, was den Arbeitgeber interessiert, und den Interessen der KlientInnen.

Durch die sich widersprechenden Interessen, die durch ihr Zwischensein vereinbart werden sollen, entstehen verschiedene Erwartungen, die an sie als Beraterin herangetragen werden. Sie steht zwischen diesen widersprüchlichen Interessen. Weitere Ziele, die in Beratungsgesprächen verfolgt werden, sind die Erfüllung der „Zahlen“ und die Besetzung der Maßnahmen. Damit hängen Refinanzierungsinteressen der Maßnahmen im Jobcenter zusammen. Andererseits wird damit die wahrgenommene, gesellschaftlich erwartete Rolle ihrer Arbeit ersichtlich. Die Beraterin soll gewisse Vorgaben, „Zahlen“, erfüllen, womit eine formalisierte Funktion von Beratung sichtbar und ein von der Öffentlichkeit vertretenes Interesse an der Arbeit im Jobcenter anschaulich wird. An dieser Stelle wird der individuellen Leistung der Beratung keine Bedeutung zugesprochen, denn es kommt hier auf das Gesamtergebnis an, das sich in „Zahlen“ ausdrückt. Eine quantitative Dimension der Beratungstätigkeit ist damit offensichtlich.

Ihre Ausführungen über die unterschiedlichen Interessen und die damit einhergehende Komplexität schließt sie mit ihrer Erfahrung, dass die genannten Einflussgrößen ihre Beratungsgespräche lenken bzw. sich darin widerspiegeln und sie als Beraterin dem ausgesetzt sei, „ob man will oder nicht". Die konkrete Beratungsgestaltung hängt allerdings von den zu Beratenden ab.

> „P2: Und ähm ja und deswegen ist es halt immer schwierig. Es kommt dann halt immer auf den Kunden an, wie man dann wirklich das Gespräch wirklich gestaltet kann. Also wie offen ist der Kunde, wie transparent ist der Kunden, vertraut der Kunde oder ähm natürlich wie lange ist er schon arbeitslos. Ähm was hat er vorher alles gemacht oder durchlaufen. Hat er wirklich was versucht, ist er krank, ist er nicht krank, ist die Krankheit ersichtlich, ist sie nicht ersichtlich, wie sind die familiäre Situation, also es sind so viele Aspekte, die man eigentlich im Erstgespräch oder im Folgegespräch gar nicht mitkriegt, wenn man überhaupt das Glück hat, sie irgendwann mitzukriegen. Also wenn der Kunde überhaupt zu offen ist. Ich weiß jetzt nicht, ist das so, wie sich das vorstellen?"

Resultierend aus den komplexen Herausforderungen und den widersprüchlichen Interessen, denen sie in der Beratung ausgesetzt ist, geht sie auf eine Gestaltungsmöglichkeit der Beratungsgespräche ein, die sie von ihren zu Beratenden abhängig macht. Es obliegt den zu Beratenden, „wie man dann wirklich das Gespräch wirklich gestalte(n) kann".

Die Realisierung der Beratungsgespräche wird mit verschiedenen Verhaltensweisen der zu Beratenden verknüpft. Dabei spielen Offenheit, Transparenz und Vertrauen der zu Beratenden gegenüber der Beraterin eine wesentliche Rolle. Auch die Dauer des Leistungsbezugs und die berufliche Biografie haben Einfluss auf die Gestaltung der Beratungsgespräche. Der gesundheitliche und der familiäre Zustand werden ebenso in diesem Zusammenhang erwähnt. Den individuellen Aspekten wird somit eine hohe Relevanz für die Beratung und für eine ganzheitliche Zusammenarbeit zugesprochen. Die aktive Rolle, die dem zu Beratenden am Beratungsprozess zugesprochen wird, gehört zu einem dialogischen Ansatz, in dem dem/der GesprächspartnerIn eine selbstverständliche Beteiligung am Gespräch zugesprochen wird.

Mit der offenen Gestaltungsmöglichkeit erlebt die Beraterin ihre Beratungsgespräche als flexibel und weniger festgelegt. Doch im Gegensatz zum dialogischen Ansatz spricht sie nicht von einer aktiven Förderung der Offenheit beim zu Beratenden bzw. einer gezielten Förderung der Beziehungsarbeit durch sie als Beraterin.

Die Verantwortung liegt allein bei den zu Beratenden, sich selbst erlebt sie nicht in der Verantwortung, wodurch von den zu Beratenden alle Möglichkeiten im Beratungsprozess als offen wahrgenommen werden.

Um die Relevanz dieser Aspekte für die Zusammenarbeit zu verdeutlichen, wird es als „Glück" beschrieben, wenn die Beraterin notwendige Auskünfte in den Beratungen erhält. „Glück" kann auf der einen Seite als Erfolg definiert werden, wodurch die Kenntnis persönlicher Lebensbedingungen für die Beratung als erfolgsbringender Faktor erlebt wird. „Glück" kann in diesem Zusammenhang aber auch eine andere Bedeutung haben. „Glück" zu haben und die relevanten Informationen über die zu Beratenden zu bekommen oder Offenheit, Vertrauen oder Transparenz von ihnen zu erhalten, wird mit einem Zufall in Verbindung gebracht.

„Glück" kann dementsprechend als zufällig, nicht steuerbar und nicht beeinflussbar eingestuft werden. Auch an dieser Stelle wird ein Ausgesetztsein der Beraterin bzw. die Abhängigkeit der Beratung von den zu Beratenden verdeutlicht. Sie erlebt keine eigene Gestaltungsmöglichkeit der Beratungsgespräche, da sie Gestaltung nur in Bezug auf die zu Beratenden wahrnimmt und ihre Gestaltungsrolle als von ihnen abhängig erlebt.

Abschließend spricht sie von einem „Zu-offen"-Sein der zu Beratenden, was im Erzählzusammenhang nicht interpretierbar ist.

Nach einer Rückversicherung schlägt sie vor, beispielhaft ihre Sicht zu bekräftigen. In folgenden Interviewstellen liegt der Fokus darauf, dialogische Ansätze in der von der Interviewten erlebten Beratungspraxis und ihre Grenzen herauszuarbeiten.

„Es heißt immer, wir sollen (einen) frischen Blick haben, aber hat man ja als Mensch leider nicht immer"

Im weiteren Verlauf des Interviews geht die Beraterin ausführlich auf ihre erlebte Diskrepanz zwischen konzeptionellem Anspruch an die Beratungstätigkeit und ihrer Realität ein. Sie macht die Grenzen einer Umsetzung des Beratungskonzeptes des Jobcenters XY sichtbar. Dabei spielt der Begriff des „frischen Blick" eine zentrale Rolle. Damit wird im Konzept des Jobcenter XY eine unvoreingenommene Haltung der BeraterInnen gegenüber zu Beratenden gefordert. Demzufolge soll in der Beratung der Fokus auf einen stärkenorientierten Ansatz liegen und weniger darauf, einzelne Hemmnisse in den Mittelpunkt zu stellen und diese abzubauen (vgl. Kapitel 2.5).

> „P2: Okay. Ähm. Ja leider Gottes ist es dann halt so, es heißt immer, wir sollen frischen Blick haben, aber hat man ja als Mensch leider nicht immer. Man bewertet schon sofort. In den ersten paar Sekunden, man sieht einfach, wie der Kunde gekleidet ist, wie er sich benimmt, wo er hinguckt, was ja natürlich auch ein bisschen schon unsere Aufgabe ist, weil dementsprechend, wir beobachten und wissen ja dann, wie wir mit dem Kunden umgehen sollen."

Die konzeptionelle Anforderung des „frischen Blicks" ist zwar wünschenswert, in der Umsetzung jedoch nicht immer erfüllbar. Das professionelle Beratungsverhalten, mit der Umsetzung des „frischen Blicks", das von ihr erwartet wird, findet in der Beratungspraxis keinen Widerhall. Diesen Umstand sieht die befragte Beraterin als gottgegeben, demzufolge unveränderbar.

Diese erlebte Diskrepanz bzw. die eingeschränkte Umsetzung des „frischen Blicks" wird mit menschlicher Veranlagung begründet. Sie geht davon aus, dass der Mensch keine völlig unvoreingenommene Haltung haben könne. Demgemäß sind die Steuerungsmöglichkeiten bzw. das Änderungspotenzial nicht immer möglich, weil eine menschliche Anlage wenig steuerbar und als zwangsläufig wahrgenommen wird.

Diese Annahme führt sie aus und generalisiert sie, in dem sie sie nicht auf ihre persönliche Sichtweise bezieht, sondern von „man" spricht. Sie geht davon aus, dass „man" direkt in den ersten Momenten, ausgehend von eigenen Vorerfahrungen und Annahmen, andere bewertet.

Die Bewertungsmaßstäbe sind augenscheinlich die Kleidung der zu Beratenden, das Verhalten und das Auftreten. Abgesehen von der menschlichen Anlage führt sie eine weitere Begründung an, um zu verdeutlichen, warum eine unvoreingenommene Haltung nur eingeschränkt umgesetzt werden kann. In Bezug auf Beratung erlebt sie eine Bewertung des Gegenübers als selbstverständliche Aufgabe, denn so könne sie ihre KlientInnen einschätzen. Ihre Bewertungen seien für die Zusammenarbeit mit den zu Beratenden dienlich. Wieder ist an dieser Stelle die herausgestellte Diskrepanz zwischen dem dialogisch geprägten Beratungsverständnis und dem Beratungskonzept erkennbar.

Die Bewertungsmaßstäbe, die als Teil ihrer Aufgabe aufgefasst werden, können mit dem Kategoriensystem im Beratungskonzept des Jobcenter XY in Verbindung gebracht werden. Nach dem Beratungskonzept sollen die BeraterInnen ihre KlientInnen anhand bestimmter Ressourcenbereiche bewerten. Die legitimierte Bewertung durch des Beratungskonzepts und die automatisch vorhandene menschliche Veranlagung werden als Gründe für eine eingeschränkte Umsetzung dialogischer Haltung (hier explizit unvoreingenommene Haltung) erlebt.

Eine dialogische Offenheit und eine Hinwendung zu den GesprächspartnerInnen, die nicht auf Bewertungen und Einstufungen aufgebaut werden dürfen, sind an dieser Stelle nur begrenzt bis gar nicht umgesetzt. Auf der einen Seite orientiert die Beraterin sich an ihren zu Beratenden, um ihren Umgang mit ihnen nach diesen auszurichten. Auf der anderen Seite wird mit ihrer Bewertung und ihrer voreingenommenen Haltung die dialogische Offenheit gegenüber dem/der GesprächspartnerIn eingeschränkt. Im Gegensatz dazu geht es in einer dialogischen Haltung darum, die GesprächspartnerInnen in ihrer gegenwärtigen Situation zu akzeptieren, eine unvoreingenommene Haltung zu haben und vor allem auch ihnen offen zu begegnen. Demnach gibt es im Dialog keine Bewertungsmaßstäbe oder Kategorien, mit deren Hilfe die Menschen eingeschätzt werden, sondern jedem/r soll individuell begegnet werden.

> „P2: Dann gibt es natürlich sehr Extremsituationen, wie dass der Kunde wirklich ähh ja riecht, stinkt ähm nicht wirklich ähm sauber gekleidet ist, fettige Haare hat. Das ist jetzt eine Extremsituation, passiert aber halt auch ganz oft, gerade bei Langzeitarbeitslosen. Und dann gibt es natürlich auch die Kunden, die einfach nur vom, also die sage ich mal auf den ersten Blick ganz gut gekleidet sind, aber dann sofort schon Verhaltensauffälligkeiten zeigen, dass sie entweder unsicher sind, einen nicht angucken können oder schon mit so ner aggressiven Haltung reinkommen. Dann gibt es Kunden, die ähm kommen total nett und freundlich rein und erzählen, erzählen und tun so, als wenn sie sich zum Beispiel voll Mühe geben und sind, man denkt

auch ‚Oh, schön, die sind offen' und dann versucht man was mit den zu machen, dann merkt man aber ‚Okay, das ist wieder nur'. Was heißt, wieder nur so getan, aber da kommt halt nichts bei rum und dann fragt man sich ‚Okay, hat er sich jetzt wirklich eigentlich Mühe gegeben und hat er auch Hoffnung gehabt mit ner neuen Beraterin? Oh, und jetzt war das erste Gespräch super und jetzt geht's'. Und das hat wieder nicht geklappt aus, aus wirklich aus dem persönlichen Gründen oder ist es halt wirklich nur, dass er das einfach nur so gemacht hat, um wieder mal ein bisschen Zeit zu schinden oder jetzt oder, weil ihm vielleicht auch gerade langweilig war und er ein bisschen Gesprächsbedarf hatte und gucken wollte, was der Berater macht. Manche sind dann auch so, dass sie wirklich den Berater ein bisschen herausfordern wollen, aber genau wissen, dass sie eh nichts machen wollen. Sie wollen halt nur gucken, was kommt denn da überhaupt, ne."

Ihre Bewertungsmaßstäbe veranschaulicht sie anhand einer Eingruppierung der von ihr zu Beratenden. Eine erlebte „Extremsituation" liegt vor, wenn eine geringe körperliche Hygiene beim zu Beratenden erkennbar wird. Beruhend auf ihren Erfahrungen stellt sie weiter die zu Beratenden vor, die zwar eine gute Körperpflege mitbringen, jedoch ein auffälliges Verhalten aufweisen. Ein auffälliges Verhalten definiert sie mit einem aggressiven Verhalten oder mit einer bemerkbaren Unsicherheit der zu Beratenden. Die dritte vorgenommene Differenzierung bezieht sich auf zu Beratende, die zunächst ein gutes Verhalten zeigen und sie schlussendlich doch enttäuschen, denn da „kommt halt nichts bei rum".

Sie führt mehrere Gründe an, weshalb die Zusammenarbeit nicht funktionieren könne. Demnach können persönliche Gründe oder eine vorliegende Demotivation Faktoren für eine misslungene Zusammenarbeit sein. Ferner sieht sie die mögliche Haltung der zu Beratenden, ihre Beraterin herausfordern zu wollen, ohne mit ihr arbeiten zu wollen, als Ursachen für misslungene Gespräche.

„P2: Und also es ist wirklich sehr unterschiedlich, so ne ganz breite Palette von allem Möglichen. Und das soll halt nicht nur negativ klingen ne so, aber es gibt, also es gab wenig Kunden, wenn ich jetzt zurücküberlege, mit denen ich wirklich gut arbeiten konnte. Ähm, die wirklich offen waren, die wirklich was machen wollten."

Anschließend bezieht sie Stellung zum Gesagten. Ihre negativen Bewertungen und die eingeschränkte Umsetzung des „frischen Blickes" nimmt sie als solche wahr und legitimiert dies mit ihrer bisherigen Erfahrung in Beratungen. Sie bestätigt sich, indem sie rückblickend ihre Beratungserfahrungen anführt und verdeutlicht, mit wenigen zu Beratenden gut gearbeitet zu haben und wenige zu Beratende gehabt zu haben, „die wirklich offen waren, die wirklich was machen wollten".

Demnach könne ein „frischer Blick" nicht immer eingesetzt werden, weil es eine menschliche Veranlagung sei, Menschen zu beurteilen, das Beratungskonzept ein Kategorienschema legitimiere und die bisherigen Erfahrungen mit zu Beratenden dies bestätigten. Die Bedeutsamkeit der Offenheit und ebenso allgemein die einzubringenden Verhaltensweisen der zu Beratenden für ihre Beratung werden an dieser Stelle erneut klargestellt. Um ihren Standpunkt zu veranschaulichen, führt sie zwei Beispiele ein, mit denen sie begründet, dass eine vollkommen unvoreingenommene Haltung in ihren Beratungsgesprächen nicht immer zielführend sei, sondern auch Grenzsetzungen in Beratungen notwendig seien.

„Genauso dieses (...) mit dem gehen oder nur freundlich sein nutzt halt auch manchmal nichts. Manchmal muss man auch Grenzen setzen." – Grenzsetzung in der Beratung als zielführendes Instrument

Als erstes bringt die interviewte Beraterin das Beispiel einer zu Beratenden ein, bei der eine depressive Verstimmung aufgrund ihrer Arbeitslosigkeit vorliegt. Die Beraterin ist mit einer Grenzsetzung gegenüber der zu Beratenden zum Ziel der Arbeitsaufnahme gelangt.

> „P2: Da fällt mir zum Beispiel eine Kundin ein ähm, die war also die hat ein bisschen persönlich von sich erzählt, was ich auch ganz gut fand, war aber schon nen bisschen in ihrem Verhalten, ja das war ich auch bewusst, dass sie so nen bisschen psychologische Probleme hatte. Wobei das ja halt nicht meine Aufgabe ist. Das kann ich ja gar nicht bewältigen, in dem Beratungsgespräch. Aber ähm das Erstgespräch war zum Beispiel total toll. Sie ist halt ähm irgendwas im Bereich Bürokauffrau gewesen. (...) sah aber schon leicht lethargisch oder depressiv aus, hat sich auch so beschrieben, weil sie halt auch ähm ja kein Job gefunden hat nee. Also sie war auch genervt, weil irgendwie mit der, dann fing sie halt an. Das war dann ihre Geschichte immer. Zum Beispiel, dass sie ja irgendwo angefangen hat und dass die Frau, die andere Sekretärin dort sie dann gemobbt hätte (...). Naja, ähm die hat sich aber echt fleißig beworben, aber egal, was ich ihr vorgeschlagen habe, das

> wollte sie zum Beispiel nicht machen. Also keine Maßnahme oder kein Bewerbungstraining, weil sie halt auch meinte, ‚nee nee nee das kann sie ja auch alles selber'. Und dann habe ich auch gesagt okay, weil sie sich so fleißig bewirbt, gebe ich ihr erstmal die Chance, mal gucken, was so nach drei bis sechs Monaten passiert."

Die zu Beratende ist Bürokauffrau und hat wegen Mobbing ihre vorherige Arbeitsstelle verlassen. Sie hat aufgrund der erfolglosen Arbeitssuche depressive Verstimmungen. Auf die Vorschläge der Beraterin lässt sie sich zunächst nicht ein und bemüht sich selbstständig um die Suche nach einer Arbeitsstelle. Die Beraterin kommt ihr dabei entgegen und lässt sie selbstverantwortlich nach einer Arbeitsstelle suchen, weil sie dabei „fleißig" ist. In der der zu Beratenden zugestandenen Partizipation und Autonomie finden sich dialogische Ansätze wieder. Die Selbstverantwortung bei der Jobsuche wurde allerdings auf einen Zeitrahmen von sechs Monaten begrenzt. Diese Fristsetzung kann mit Ablauf der EGV in Verbindung gebracht werden, da diese über einen Zeitrahmen von sechs Monaten geschlossen wird. Das Ziel, über das die Beraterin wacht, ist die Arbeitsaufnahme. Die Kontrolle des Prozesses obliegt der Beraterin. Es sind also dialogische Ansätze sichtbar, aber nicht ausschließlich. Die Kontrollmöglichkeit im Rahmen der zugestandenen Autonomie und Partizipation weist auf eine eingeschränkte gleichberechtigte Begegnung, die für einen Dialog ausschlaggebend wäre.

> „P2: Und irgendwann habe ich dann gemerkt, boah die hat nen Haufen Bewerbung, wollte ständig Bewerbungskosten. Das hat sich auf dreihundert, vierhundert Euro belaufen irgendwie, die Bewerbungskosten. Aber es ist überhaupt nichts bei herumgekommen und ähm dann habe ich ein bisschen so ähm also dann war ich nicht mehr so ganz locker und hab gesagt ne. Ich hab ihr Grenzen halt gesetzt und dann war sie erstmal sauer."

Nach einer Zeit stellt die Beraterin eine hohe Anzahl an Bewerbungen und die dadurch entstandenen Bewerbungskosten fest, ohne dass eine Arbeitsaufnahme nachfolgt. In der Folge entzieht sie der zu Beratenden die zuvor zugestandene Autonomie und setzt Grenzen. Die zu Beratende ist mit diesem Vorgehen unzufrieden. Damit wird deutlich, dass der Beratungsprozess von der Beraterin gesteuert und kontrolliert wird. Die Beraterin entscheidet, wann eine Grenze gesetzt wird und in welcher Form dies geschieht.

Die Beratungsarbeit verweist hier auf eine Nutzenorientierung. Die Arbeitsaufnahme wird als zentrales Ziel definiert, wie es die Beraterin bereits eingangs als ihre Hauptaufgabe definiert. Ihre Beratungshaltung erlebt eine Wendung, sobald die Zielsetzung der Arbeitsaufnahme nach dem festgesetzten Zeitrahmen nicht erfüllt werden kann.

> „P2: Und ähm ja dann war das Bera, also das das Verhältnis schon ein bisschen gestört, zum Beispiel. Also sie hat nicht mehr, sie war nicht mehr so freundlich oder oder wie soll ich sagen, so offen, wie sie dann vorher. Ja, aber dann hat sie nen Job bekommen und das hat sie dann auch erstmal durchgezogen. Also (/6 sec./) Worauf wollte ich jetzt hinaus. Genauso, dieses ähm also nur zum Beispiel mit dem gehen oder nur freundlich sein nutzt halt auch manchmal nichts. Manchmal muss man auch Grenze setzen, das hätte auch voll in die Hose gehen können. Bei ihr war das halt gerade die richtige Strategie, obwohl ich schon Angst hatte, dass ich sie dann verliere, erstmal, weil sie ja schon ein bisschen patzig wurde. Aber anscheinend war das dann doch die richtige Strategie bei ihr nee, dass in dem ich ihr dann Grenzen gesetzt habe und ähm, weil sie wahrscheinlich dachte, sie kann mit mir machen, was sie will. Sie hat halt wieder nicht gesehen eigentlich, dass ich nur helfen wollte. Ja, das ist halt auch immer so ja so ne schmale Gratwanderung (/6 sec./)."

Nach der Grenzsetzung erlebt die Beraterin das Verhältnis zu ihrer Klientin als „gestört". Sie erlebt weniger Offenheit und Freundlichkeit. Die Vorgehensweise erweist sich jedoch als zielführend, denn die zu Beratende erhält eine Arbeitsstelle und hat diese „auch erstmal durchgezogen". Aus dieser Erfahrung ergibt sich für sie die Schlussfolgerung, dass ein durchgehendes prozessbegleitendes Mitgehen bzw. Freundlichkeit kontraproduktiv sein können und eine Grenzsetzung durchaus zielführend sein kann. Hier reflektiert die Beraterin ihren Umgang mit der Klientin, indem sie feststellt, „das hätte auch voll in die Hose gehen können". Trotz des Risikos erlebt sie diese Strategie als die richtige für diese Klientin. Die Unsicherheit der Beraterin wird durch ihre Angst, die zu Beratende zu „verlieren", ersichtlich. An dieser Stelle wird ein persönlicher Bezug der Beraterin deutlich. Damit verlässt sie ihre professionelle Rolle. Der persönliche Bezug zum Beratungsgeschehen wird durch

Aussagen wie „, (…), dass ich sie dann verliere“ und „(…) sie kann mit mir machen, was sie will“ ersichtlich. Eine machtorientierte Ausübung ihrer Rolle wird mit der zweiten Aussage deutlich. Weiter wird die zu Beratende als verantwortlich für die „gestörte“ Beziehung erlebt, denn „sie hat halt wieder nicht gesehen eigentlich, dass ich nur helfen wollte“. Damit macht die Beraterin noch einmal deutlich, dass die Verantwortung in der Beratung allein beim zu Beratenden liegt. Die Beraterin bezweckte mit der Grenzsetzung ein gezielteres Bewerbungsverhalten, das der zu Beratenden helfen sollte.

Grenzsetzung nimmt eine zentrale Rolle bei der Beraterin ein, immer dann, wenn die Strategie eines prozessbegleitenden Mitgehens nicht ans Ziel führt. In der Grenzsetzung verlässt sie zunächst ihre professionelle Rolle und befindet sich in ihrer persönlichen Rolle mit einer Machtorientierung. Die Wendung von einer ansatzweise prozessbegleitenden Beratungshaltung zum machtorientierten Umgang führt sie weiter aus.

> „P1: Grenzen setzen. Wie sieht das konkret aus? Wie hat es konkret ausgesehen, bei ihr?
>
> P2: Ja, in ihrem Fall war das dann halt so, dass sie zum Beispiel, wenn sie mir dann wieder irgendwelche Geschichten erzählt hat, dass ich sie dann abgebrochen habe. Und ähm, dass ich dann schon versucht habe, ihr das, was sie erzählt, immer wieder widerzuspiegeln und ähh dann sie gefragt habe, was ich jetzt damit anfangen soll. Nee, dass sie mir das erzählt, das erzählt, jenes erzählt und ähm dass sie es jedes Mal erzählt zum Beispiel und was sie jetzt von mir möchte. Und dass ich dann halt irgendwann gesagt habe, ich möchte diese Geschichten nicht mehr hören und ähm wie soll ich halt auch sagen, ich hab zum Beispiel dann auch, ich hab nicht mehr alles akzeptiert.“

Eine Grenzsetzung konkretisiert sie mit einem Abbrechen der erzählten Geschichten, die keinen Nutzen für die Arbeitssuche hätten. Sie wiederholt die Geschichten und fragt die Klientin nach dem konkreten Nutzen für die Beratung und nach ihren konkreten Erwartungen an die Beraterin. „Irgendwann“ habe sie auch signalisiert, diese Geschichten nicht mehr hören zu wollen, denn sie habe „nicht mehr alles akzeptiert“.

„P2: Ihre zum Beispiel, wenn sie, ich hab richtig ihre Bewerbungsschreiben kontrolliert, alles richtig wirklich kontrolliert. Sie auch ein paar Mal anlaufen lassen, dass sie mir das auch richtig alles erklärt. Ähm oder ihre Online-Bewerbung, die sie dann einfach mal so abgeschickt hat, zum Beispiel nicht mehr akzeptiert. Nur wenn sie halt wirklich richtig gut und spezifisch formuliert waren, dann was natürlich nicht ganz so richtig ist, habe ich ihr ne Grenze gesetzt mit dem Kosten an Bewerbungsanschreiben, damit sie auch wirklich, nicht sich für jeden Job und für jede Kleinigkeit bewirbt und dafür die Bewerbungskosten will, sondern dass sie sich auch wirklich Gedanken macht, wo sie sich bewirbt."

Die Aussage, nicht mehr alles akzeptieren zu wollen, bezieht sich auf die Bewerbungen und auf das vorherige prozessbegleitende Mitgehen. Die Beraterin kontrolliert die Bewerbungen der Klientin gründlich und prüft die Bewerbungsanschreiben auf Genauigkeit. Eine weitere Grenzsetzung ist, die Klientin „ein paar Mal anlaufen lassen", um die Bewerbungen erklären zu lassen. Damit wird eine kontrollierende machtorientierte Haltung eingenommen. Mit dieser Aussage wird neben einer Ausübung von Macht auch eine Abwertung der Klientin vorgenommen. Die Grenzsetzung wird mit einer zeitlichen und finanziellen Vorgabe kombiniert, an denen sich die zu Beratende orientieren soll.

Die Beratung hat sich von einer prozessbegleitenden Haltung, dem Fördern der Selbstständigkeit, zum Kontrollieren und Prüfen einzelner Schritte gewendet. Zunächst finden sich in ihrer Beratungspraxis durch ihre prozessbegleitende Haltung, den Einbezug ihrer zu Beratenden, dem Zugestehen von Entscheidungsmöglichkeit und Selbstständigkeit dialogische Ansätze wieder. Diese könnten jedoch nicht aufrechterhalten bleiben, wenn im vorgegebenen zeitlichen Rahmen die Arbeitsaufnahme nicht nachgewiesen werden könne. An dieser Wendung lässt sich die Ausübung einer Machtposition nachweisen, mit der Inanspruchnahme von Kontrolle, Überprüfung und alleinigen Entscheidungen. Dementsprechend widersprechen die Grenzsetzungen dialogischen Ansätzen, da die Beraterin einseitig Entscheidungen trifft, um eine Arbeitsaufnahme zu erreichen. Ihre Haltung weist auf eine Durchsetzung und Einflussnahme durch sie als Beraterin hin. Anhand dieser Wende in der Haltung gegenüber der zu Beratenden wird ihre wahrgenommene „Sandwichposition" praktisch ersichtlich. In ihrer prozessbegleitenden Haltung stellt sie die Interessen der zu Beratenden in den Mittelpunkt und ermöglicht ihr Gestaltungsmöglichkeiten. Nach der Wende fokussiert sie sich auf die Interessen ihres Arbeitgebers und richtet ihre Haltung auf das Ziel einer Arbeitsaufnahme hin aus.

Auch die hohen Bewerbungskosten werden mit einem zulässigen Budget eingegrenzt. All diese Handlungsschritte haben eine erfolgreiche Bewerbung und damit einhergehend eine Arbeitsaufnahme zum Ziel. Die Beraterin ist sich über die Richtigkeit dieses Handelns jedoch unsicher.

> „P2: Und da bin ich mir jetzt ehrlich gesagt nicht mehr so sicher, ob das, ob man da so ne Grenze setzen kann. Aber ich habe es dann halt gemacht. Ich glaube aber schon, zweihundertfünfundsiebzig Euro oder so waren das, im Jahr, wo wir bleibe ich eine Grenze setzen könnten. Und ähm das hat sie zum Beispiel sehr aufgeregt nee, weil ähm ja das, da kam ich mir so nen bisschen verarscht vor, weil ich dachte, ja ‚worum geht es Ihnen denn jetzt, wirklich Bewerbung schreiben oder oder jetzt hier fünf Euro zu kassieren'."

Trotz der zum Ziel führenden Grenzsetzung stellt die interviewte Beraterin die Richtigkeit ihres Handelns in Frage. Die zu Beratende ist unzufrieden und fühlt sich beleidigt. Die Beraterin fühlt sich in den Gesprächen in ihrer Funktion ausgenutzt, „verarscht". Hier wird die persönlichkeitsbezogene Wahrnehmung ihrer Rolle als Beraterin erneut deutlich und macht ihre emotionale Betroffenheit sichtbar - dementsprechend reagiert sie auch darauf.

> „P2: Und das habe ich dann halt versucht, auch so deutlich zu sagen. Und da war sie halt auch erst ein bisschen beleidigt und ähm aber wie gesagt, danach hat es halt geklappt. Und das ist halt immer so ne Sache, also so, wenn ich dann sage ähm ‚ich komme mir aber schon ein bisschen verarscht vor und worum geht es Ihnen denn jetzt? wollen Sie jetzt einfach die fünf Euro oder nee'. Also wenn man dann konkreter Dinge anspricht, dann fühlen die sich ja auch."

Daraufhin konfrontiert sie die Klientin offensiv: „Also, wenn man dann konkreter Dinge anspricht, dann fühlen die sich ja auch". Eine Konfrontation geschieht auf der Ebene der Infragestellung der wirklichen Intention der zu Beratenden und die Beraterin konfrontiert die zu Beratende mit ihren eigenen Gefühlen mit der Ansprache „ich komme mir aber schon ein bisschen verarscht vor". Daraus schlussfolgernd stellt sie pauschalisierend dar, dass „die" Klienten sich bei möglicher Konfrontation angegriffen fühlen.

Mit diesem Satz erklärt sie die vorher angesprochene Unzufriedenheit der Klientin, sobald sie offensiv konfrontiert werde. Hier lässt sich der dialogische Ansatz „Authentizität" erkennen, da die Beraterin offen ihre Wahrnehmung zum Sachverhalt äußert.

Im Rahmen der Grenzsetzung und in Bezug auf ihre konkrete Konfrontationshaltung in Beratungsgesprächen führt die Beraterin ein zweites Beispiel ein. Im Folgenden werden akzentuiert Stellen aufgegriffen, die ihre Grenzsetzung im zweiten Beratungsbeispiel ausführlich veranschaulichen.

Dabei geht es um einen zu Beratenden, der einen Fahrradunfall hatte und dies wiederholt in den Beratungsgesprächen thematisiert, um eine Arbeitsunfähigkeit zu begründen.

> „P2: Also bei einem Kunden habe ich das zum Beispiel gemacht. Ähm die hatte ein Fahrradunfall und hat das immer wieder hervorgeholt. Und dann habe ich aber erstmal mit ihm Smalltalk geführt bei dem nächsten Gespräch und dann hat er mir erzählt, dass er ähm so nen so nen Wettbewerb mitgemacht hat nee und wie gerne er Fahrradtouren macht und wo er überall war mit dem Fahrrad und was er alles gemacht hat. Und da habe ich gesagt ‚Wow, Sie aber ganz schön viel Zeit, um Fahrrad zu fahren, Touren zu machen, an Wettbewerben teilzunehmen, aber Sie schaffen es nicht, dann zwei Kilometer mit dem Fahrrad zu einem Arbeitgeber zu fahren ne'."

In einem weiteren Gespräch findet die Beraterin heraus, dass der zu Beratende an sportlichen Wettbewerben teilnimmt und sportliche Aktivitäten mit dem Fahrrad unternimmt. Nach diesen Aussagen konfrontiert sie ihn damit, dass er diese Aktivitäten machen könne, aber keine zwei Kilometer zum Arbeitgeber mit dem Fahrrad fahren könne.

> „P2: Das ich ihm das mal so deutlich gesagt habe, so im Gespräch, der hat sich dann beschwert über mich. So nach dem Motto ähm ja was ist das für ne Anmaßung. (...) Eigentlich habe ich nur das wiedergegeben, was er gesagt hat, und das hat er als Beleidigung aufgefasst, weil ich ihm eigentlich dadurch gezeigt habe ‚Hey so nicht, nicht mit mir, und merken Sie gerade, was sie hier erzählen'."

Die Konfrontation erlebt der zu Beratende als eine Anmaßung und beschwert sich über die Beraterin. Im Gegenzug dazu erlebt die Beraterin in dieser Konfrontation eine berechtigte Wiedergabe seiner Aussagen. Dieser fasste dies jedoch als Beleidung auf, obwohl die Beraterin habe signalisieren wollen „Hey so nicht, nicht mit mir, und merken Sie gerade, was sie hier erzählen". Dabei verlässt sie erneut ihre professionelle Rolle als Beraterin und nimmt die Beziehungsebene im Umgang mit den zu Beratenden ein. Erneut wird klar, dass sie, sobald sie sich vom Klienten ausgenutzt fühlt, eine offensive Konfrontation eingeht und dabei eine kontrollierende Haltung einnimmt.

Aus dieser Interaktion lässt sich die Nutzenorientierung der Beratungsprozesse mit dem konkreten Ziel, eine Arbeitsaufnahme zu erreichen, als Handlungsmuster feststellen. Der Gesprächsinhalt scheint an dieser Stelle nach arbeitsvermittelnden Aspekten behandelt worden zu sein, wodurch der direkte arbeitsvermittelnde Gedanke in Beratungen einen zentralen Stellenwert aufzeigt.

Auf die Frage, wie sie damit umgeht, wenn der zu Beratende sich beschwert, geht sie auf das bereits aufgeführte Beispiel des zu Beratenden ein und erzählt von seinen weiteren Handlungen. Dabei fokussiert sie sich auf den Einsatz des Ombudsmannes.

Es wird ein Gespräch in Anwesenheit eines Ombudsmannes geführt, der zwischen Beraterin und Klient schlichten soll. „Der Ombudsmann meinte zum Beispiel, ich sei ein bisschen zu streng gewesen, trotzdem so." Diese Aussage entkräftigt sie wieder, denn „ich bin nicht von meinem Prinzip oder wie soll ich sagen also von, ich hab jetzt nicht versucht, ne Machtposition oder so zu haben, aber ich stand schon zu den Dingen, die ich gesagt oder gemacht habe".

Hier wird sichtbar, dass die Beraterin an ihren Prinzipien und ihren Ansichten festhält und auch ihren Standpunkt zu den Dingen vertritt. Damit personalisiert sie ihre Rolle als Beraterin und fühlt sich selbst in der Interaktion betroffen.

Diese Haltung weist keinen dialogischen Ansatz nach, da an dieser Stelle die Durchsetzung ihrer Perspektive, abseits der Annahmen des zu Beratenden und des Ombudsmannes, beabsichtigt wird. Dabei schließt sie eine Inanspruchnahme von einer Machtposition aus. Diese Ausschließung deutet wiederum darauf hin, dass in der Beziehung zwischen Beraterin und zu Beratenden im Jobcenter ein Machtgefälle vorhanden ist.

> „P2: Und ähm. Da ist man dann halt auch einfach, irgendwann denkt man auch so ‚Okay. Irgendwann gibt es auch nicht mehr, nichts mehr nee'. Weil wenn man alles durchgegangen ist mit ihm, dann dann denkt man sich auch irgendwie so ‚Ja, jetzt gibts aber auch nichts mehr, was soll ich jetzt machen. Außer jetzt mir ständig seine Geschichte anzuhören.' Und das hilfte mir anscheinend auch nicht, (...) Und dann wollte er sogar den Berater wechseln, obwohl wir ja eigentlich trotzdem zurecht gekommen sind nee. Aber wie gesagt, weil er ein bisschen in die Enge getrieben wurde, weil er einfach was machen musste, weil es war jetzt schon ein Jahr vergangen."

Wenn ihre Angebote nicht in Anspruch genommen oder realisiert werden, erlebt sie ihre Beratungsmöglichkeiten als erschöpft: „Ja, jetzt gibts aber auch nichts mehr, was soll ich jetzt machen. Außer jetzt mir ständig seine Geschichte anzuhören" und „das hilfte mir anscheinend auch nicht". An dieser Stelle treten erneut ihre persönliche Betroffenheit und der persönliche Bezug bei Beratungsereignissen hervor. Die Beratungshaltung ist durchgehend geprägt von einer Nutzen- bzw. Ergebnisorientierung.

Der Wunsch des zu Beratenden, die Beraterin zu wechseln, stößt auf Zurückhaltung. Damit lassen sich zwei unterschiedliche Sichtweisen auf das Beratungsgeschehen herausarbeiten. Auf der einen Seite die Beraterin, die die Wahrnehmung hat „(...) eigentlich trotzdem zurechtgekommen sind (...)". Auf der anderen Seite der zu Beratende, „(...) (er) wollte sogar den Berater wechseln (...)". Auch hier nimmt die Beraterin ihre Grenzsetzung als notwendige Haltung wahr, die als Hilfsmittel im Sinne der zu Beratenden eingesetzt wird, um eine Arbeitsaufnahme zu erzielen, die jedoch von ihren zu Beratenden als weniger zufriedenstellend wahrgenommen wird. Die zeitliche Einrahmung wird nochmals als wesentlicher Faktor für ihre Grenzsetzung gekennzeichnet. Sie begründet die Grenzsetzung damit, „(...), weil es war jetzt schon ein Jahr vergangen". Die Unzufriedenheit des zu Beratenden und sein Wunsch nach Beraterinnenwechsel wird mit der Annahme begründet, dass dieser „(...) ein bisschen in die Enge getrieben wurde (...)". Damit geht einher, dass sie dem zu Beratenden keine andere Wahl gelassen und ihn in eine verzweifelte Lage gebracht hat.

> „P2: So und dann war das eh so, dass die Buchstaben gewechselt wurden und dann ist es automatisch sowieso passiert. Trotzdem habe ich aber noch einen Monat lang mit ihm halt was gemacht, so Eigenbemühung und so. Ja."

Trotz des automatisch erfolgten BeraterInnenwechsels bemüht sich die Beraterin dennoch um den Klienten und arbeitet einen Monat lang mit ihm weiter. Den persönlichen Bezug gibt sie an dieser Stelle wieder auf. Daraus wird deutlich, dass im Rahmen der Grenzsetzung ein persönlicher Bezug stark in den Vordergrund gestellt wird. Anders geht sie mit ihrer Professionalität während ihrer prozessbegleitenden Haltung (vor der Grenzsetzung) und nach der Grenzsetzung um. Dabei nimmt sie sich als Beraterin in ihrer beruflichen Rolle wahr, hier werden keine persönlichen Bezüge ersichtlich.

Aus beiden Beispielen wird erkennbar, dass Grenzsetzung als Instrument in der Beratung eingesetzt wird, um eine erfolgreiche Arbeitsaufnahme herbeizuführen. Auch eine Wende von der dialogorientierten Haltung zur machtorientieren Ausübung der Beraterinnenrolle mit persönlicher Betroffenheit in Beratungsgesprächen wird ersichtlich. Zunächst wählt die Beraterin die Haltung des prozessbegleitenden Mitgehens im Umgang mit den Klienten, wobei sich mehrere dialogische Ansätze feststellen lassen. Versehen mit einer zeitlichen Einrahmung spricht sie ihren zu Beratenden Selbstständigkeit, Autonomie und Teilhabe am Entscheidungsprozess zu. Dies sind dialogorientierte Haltungen, die sie im Umgang mit den zu Beratenden nachweist. Ihre Prozessbegleitung ist nicht mit einer Ergebnis- bzw. Zieloffenheit ausgestattet, denn die zu Beratenden sollen nach dem fixierten Zeitrahmen eine Arbeitsaufnahme nachweisen. Die Beraterin kontrolliert auch an dieser Stelle den Prozess. Auch vorher liegt die Entscheidungsbefugnis über den zeitlichen Rahmen und darüber, ob eine prozessbegleitende Haltung ausgelebt wird oder nicht, bei der Beraterin. Das Ausmaß dialogorientierter Haltung hängt demnach von der Beraterin ab, die von Anfang an eine kontrollierende Funktion innehat. Der vorhandene Spielraum stellt den Ermessensraum der Beraterin dar.

Die Wende zur vollständig machtorientierten Ausübung ihrer Rolle folgt nach dem Ablauf des Ultimatums für eine Arbeitsaufnahme. Die Beratung weist eindeutig eine Nutzenorientierung auf, denn wenn eine Arbeitsaufnahme nicht nachgewiesen werden kann, setzt die Beraterin Grenzen. Die prozessbegleitende Haltung wird aufgegeben, um mit Grenzsetzung an erfolgreiche Arbeitsvermittlung zu gelangen. Die Grenzsetzung kennzeichnet sich durch eine kontrollierende, wachende, steuernde und prüfende Haltung der Beraterin und vor allem auch durch alleinige Entscheidungen. Die Grenzsetzung erfolgt durch offensive Konfrontation in der Beratung und zeitliche, finanzielle und Ergebniseinrahmung der Beratung. Außerdem spielen bei der Grenzsetzung die Durchsetzung ihrer Annahmen und Sichtweisen eine wesentliche Rolle. Damit rückt ihre Person mehr in Fokus als zuvor. Nach der Grenzsetzung wird die Beziehung zu den zu Beratenden als erschwert erlebt, wodurch sie in ihrer Beziehung zu ihnen persönlich wird. Es findet kein professioneller Umgang mit den zu Beratenden mehr statt, denn sie personalisiert die Handlungen in der Beratung und erlebt sich im persönlichen Bezug. Nach der Wende lassen sich keine dialogischen Ansätze in der Haltung der Beraterin wiederfinden. Durch die Ausübung einer machtorientierten Rolle im Beratungsprozess ist eine Begegnung auf Augenhöhe nicht vorhanden. Auch eine Offenheit in der Beratung und der Einbezug des zu Beratenden ist nicht mehr ersichtlich. Die Wahrnehmungen über die Grenzsetzung in der Beratung sind gegensätzlich. Die Beraterin setzt sie als ein für die Arbeitsvermittlung und für die zu Beratenden nützliches Instrument ein. Die zu Beratenden und der Ombudsmann signalisieren Bedenken gegenüber diesem Verhalten. Nach der Grenzsetzung nimmt die Beraterin die professionelle Rolle als Beraterin wieder ein und gibt den persönlichen Bezug wieder ab.

Es lassen sich mehrere Rollen der Beraterin feststellen. Sie kennzeichnen sich unter anderem durch Prozessbegleitung, Machtorientierung, Konfrontation oder Autonomieförderung. Im Weiteren folgt ein vertiefender Einblick in das Rollenverständnis bei der Beratung von Arbeitslosen, mit dem Ziel die Beziehungsgestaltung der interviewten Beraterin, die für eine dialogische Haltung eine hohe Relevanz darstellt, zu durchleuchten.

Rollenverständnis in der Beratung

Auf die Frage, welche Rolle sie als Beraterin in Gesprächen hat, geht die interviewte Beraterin auf ihre unterstützende Rolle ein, die auf eine Hinführung in Arbeit zielt.

> „P2: Ja. Ähm ja die unterstützende Rolle. Also ähm eher, dass ich natürlich herausfiltere oder im Gespräch mitbekomme, wo sind die Probleme, wo haperts oder wo braucht der Mensch halt nee, wo hat er jetzt sage ich mal seine Ängste oder so nen bisschen seine Hürden, wo hat er seine Stärken und was kann er wirklich, wo hat er schonmal gearbeitet oder was was ist sein Job, was ist sein Beruf."

Bereits im Eingangsstimulus sprach die Beraterin die Bedürfnisse der zu Beratenden an, die mehr als Beratung bräuchten, und zwar Unterstützung. Im Zusammenhang mit ihrer Rolle als Beraterin erlebt sie sich in einer unterstützenden Rolle. Weiter veranschaulicht sie ihr Verständnis von Unterstützung. Ihre Unterstützung liegt darin, dass sie in Gesprächen Probleme und Unterstützungsbedarfe der zu Beratenden herausfiltert. Als Beispiele erwähnt sie Hürden, Stärken, Ängste, berufliche Qualifikation und Fertigkeiten. Die Herausfilterung findet durch sie als Beraterin statt. An dieser Stelle wird die Perspektive der zu Beratenden beim Herausfiltern ihrer Ängste, Hürden, Stärken usw. nicht thematisiert. Damit einhergehend wird keine Kooperation zwischen den GesprächspartnerInnen erlebt.

> „P2: Und dann zu gucken, dass ich ihn so langsam dahinführe. Wobei das ja natürlich noch das Optimale ist. Also bei unseren Kunden ist es ja wirklich schon so, dass die meisten einfach zu viele Ängste haben, aufgrund der privaten Situation, aufgrund der Kindheit wirklich, aufgrund der Arbeitssituation oder Arbeitserfahrung, wie sie gemacht haben, aufgrund der Langzeitarbeitslosigkeit. Und ähm die haben sich dann halt auch so arrangiert einfach mit mit dem Zustand, in dem sie sind, und trauen sich da auch gar nicht mehr raus, weil sie manchmal habe ich ja auch das Gefühl, weil sie dann denken, das gibt ihnen noch Sicherheit. So das ist die einzige Sicherheit, auch wenn es nur vierhundertsechzehn Euro sind, aber das ist irgendwas, was halt ständig kommt, was Kontinuierliches. Und wenn sie dann arbeiten

müssten, auch wenn sie die Arbeit könnten und die Arbeit denen Spaß macht, haben sie auf einmal das Gefühl, die Sicherheit haben sie gar nicht mehr, weil so ist halt immer das Jobcenter da, was sie unterstützt. (...) Aber es ist wirklich so, dass man sich wahrscheinlich auf ja darauf verlässt, weil man denkt ‚Naja, da kommt ja wenigstens immer was kontinuierlich'. Verstehen Sie, wie ich das meine so?"

Der nachfolgende Unterstützungsschritt ist, dass sie die zu Beratenden „langsam dahinführt". „Hinführen" ist laut Duden gleichzusetzen mit steuern, beeinflussen und verwalten. Diese steuernde bzw. beeinflussende Funktion erlebt die Beraterin im Rahmen ihrer unterstützenden Rolle, die so konträr zum dialogischen Ansatz steht. Ihr Verständnis von Unterstützung nimmt sie als optimal bzw. als ein Ideal wahr. Die erlebte Diskrepanz zwischen diesem Ideal und ihrer erlebten Realität verdeutlicht sie im nächsten Schritt. Sie versetzt sich in die Lebenssituationen ihrer zu Beratenden, was einen dialogischen Ansatz beinhaltet, und führt an, dass diese Menschen viele Ängste hätten.

Ihre Unsicherheiten könnten sich aus privaten, biografischen oder beruflichen Sachlagen ergeben. Aufgrund dieser Lebenslagen erlebten die zu Beratenden den Bezug zum Jobcenter als Sicherheit und hätten sich mit dem Leistungsbezug arrangiert, sodass sie sich aus dem Leistungsbezug nicht mehr heraus trauten. Sicherheit wird als Kontinuität des Leistungsbezugs wahrgenommen, „auch wenn es nur vierhundertsechzehn Euro sind (...)". Grundsätzlich erlebt die Beraterin eine Abhängigkeit der zu Beratenden vom Jobcenter, denn wenn eine Erwerbstätigkeit vorliege, würden die unterstützende Rolle und die Sicherheit durch den kontinuierlichen Geldbezug des Jobcenters wegfallen. Die Menschen verließen sich darauf, denn „da kommt ja wenigstens immer was kontinuierlich".

„P2: Ja und das ist so ja als wenn das so der einzige Halt wäre nee. Obwohl das ja wahrscheinlich von deren Hinsicht so ein Zwiespalt oder so ne Hassliebe ist. Und das spüren wir natürlich als Berater dann ganz oft. Und ähm unsere Aufgabe ist natürlich dem Kunden dann natürlich diese Sicherheit auch weiterhin zu vermitteln, aber natürlich auch eben ähh zu sagen ja, dass sein Weg zur Selbstständigkeit also mit ner Arbeit ähm ihm eben vielleicht noch mehr Sicherheit oder Spaß am Leben bringt."

Die wahrgenommene Beziehung zwischen den zu Beratenden und dem Jobcenter versteht sie neben sicherheitsfördernd auch als haltgebend. Diese Beziehung erlebt sie jedoch als ambivalent bzw. zwiespältig, als „Hassliebe". Hassliebe bezeichnet eine starke emotionale Bindung, die aufgrund von Disharmonie zwischen Hass und Liebe wechselt. Sicherheit spielt hier eine zentrale Rolle.

Ihr Rollenverständnis leitet die Beraterin aus der Situation der zu Beratenden ab, denn sie stellt es als ihre Aufgabe vor, den zu Beratenden Sicherheit zu vermitteln. Dennoch plädiert sie für „noch mehr Sicherheit", die durch eine Erwerbstätigkeit erreicht werden könne. Aus diesem Vorgehen kann erschlossen werden, dass die erlebte Abhängigkeit der zu Beratenden zum Jobcenter nicht aufrechterhalten bleiben kann, da die Arbeitsvermittlung an dieser Stelle bedeutsam wird.

> „P2: Die verstehen ja auch meistens, also bei einigen fange ich ja dann auch so an zu erklären wirklich, dass Arbeit nicht nur das, es hat ja nichts mit dem Geld nur zu tun, sondern halt auch ähm das soziale Umfeld, dass ich auch wirklich solche Gespräche führe mit dem Kunden, dass ich vielleicht gar nicht sofort sage ‚was können Sie denn und was wollen Sie denn arbeiten? Was stellen Sie sich vor?', sondern dass ich halt erstmal mir anhöre, wie lebt er überhaupt, was macht er überhaupt, ähm hat er überhaupt Mann, Frau, Kind, Vater, Mutter. Und ja versuche erstmal so an seiner Einstellung zu Arbeit was zu ändern (/10 sec./)."

Diese Haltung bestimmt das Rollenverständnis der Beraterin und sie geht deshalb konkret auf die Vorteile von Erwerbstätigkeit ein und versucht zu erklären, dass diese nicht nur finanzielle Vorteile bringe, sondern sich auch das soziale Umfeld ausweite. Die Beratungsarbeit der Beraterin beginnt demnach weniger mit einem direkten, arbeitsvermittelnden Vorgehen, sondern indirekt, indem sie die zu Beratenden auf die Aufnahme einer Arbeitsstelle vorbereitet. Dies bedeutet, dass sie zu Beginn nicht direkt Fragen zur beruflichen Perspektive und zum Arbeitsvorhaben stellt, sondern allgemeine Fragen zur Person, zum eigenen Leben, zur privaten Situation. Auch versuche sie, die Einstellung zu Arbeit zu verändern.

Die optimale, unterstützende, erklärende Rolle ist nach der Vorstellung der interviewten Beraterin ein Herausfiltern von Problemen, Stärken und Bedarfen und im Anschluss eine langsame

Steuerung zu einer Arbeitsaufnahme. Tatsächlich müsse sie aufgrund der Unsicherheiten der Menschen und ihrer Abhängigkeit vom Jobcenter die Vorstufe einer Arbeitsvermittlung vornehmen und erst die persönliche Situation der zu Beratenden gründlich thematisieren. Dies wirkt sich auf ihr Rollenverständnis aus, denn sie erlebt ihre Rolle als sicherheitsvermittelnd, aufklärend und einstellungsändernd. Weiter legt sie ihr Rollenverständnis weiter aus und bezieht sich verstärkt auf die Beziehungsorientierung.

Offenheit, Arbeitsmotivation und Bereitschaft zur Situationsänderung als Voraussetzung für die Beratungsarbeit – beziehungsorientiertes Rollenverständnis

Auf die Frage, wie sie mit den Ängsten und Zweifeln ihrer zu Beratenden umgeht, bringt die interviewte Beraterin Verständnis für die Situation der Menschen auf. Dabei betont sie erneut, dass der Umgang mit den KlientInnen von der Haltung der „Kunden“ abhängig ist:

> „P2: Ja, ich finde das halt wirklich schwer. Also manchmal zweifle ich selber dann an meinem Job, weil ich denke ‚Nee, eigentlich kann ich dem jetzt gar nicht helfen‘. Also ich kann dem wirklich nur helfen, wenn der wirklich arbeiten gehen möchte, wenn der was findet und dann wirklich ne Förderung braucht, zum Beispiel Einstiegsgeld oder nen Führerschein. Manchmal denke ich wirklich, das ist das Einzige, wo ich wirklich effektiv helfen kann, und ähm, weil da bin ich auch sehr wohlwollend, wenn ich merke, da passiert was und da ist halt was. Klar und die Gesetze geben es halt auch vor, was dürfen wir fördern und was nicht.“

Die Ängste und Zweifel der zu Beratenden lassen auch die Beraterin an ihrer Arbeit zweifeln. Sie erlebt Hilflosigkeit gegenüber den zu Beratenden. Klarer als zu Beginn des Interviews verdeutlicht sie, dass Beratungswege von ihrer Seite nur möglich seien, wenn eine Arbeitsabsicht vorliege. Nur dann könne sie Unterstützungsinstrumente anbieten. In Bezug auf die materiellen Unterstützungsinstrumente erlebt sie sich als „wohlwollend“, wenn eine Erwerbstätigkeit in Aussicht stehe. Es lässt sich erneut feststellen, dass ihre Wahrnehmung als Arbeitsvermittlerin eine wesentliche Rolle im Umgang mit den zu Beratenden spielt. Sie beruft sich dabei auf die Gesetze, die materielle Fördermöglichkeiten regeln. Ihr Rollenverständnis wird auf die Anforderung des Arbeitgebers, die Vermittlung der Klientel in Arbeit, zurückgewiesen. Eine Akzeptanz und Bestätigung der GesprächspartnerInnen in ihrem gegenwärtigen Zustand kann somit nicht festgestellt werden. Eine Arbeitsabsicht wird als Voraussetzung für Beratungsgespräche dargestellt. Auch die Beziehungsgestaltung und der Umgang mit den zu Beratenden kennzeichnen sich durch einen optimalen und einen realen Rahmen.

> „P1: (…) Ähm, dann gehen wir doch mal zum anderen Punkt. Bitte erzählen Sie mir alles, was Ihnen im Beratungsgespräch im Umgang mit Ihren zu Beratenden wichtig ist.
>
> P2: Also, Ja. Das ist halt auch wieder so. Natürlich optimal und wichtig ist es für mich, dass der Mensch sich wohlfühlt, dass er wirklich offen mit mir ist und dass er die Bereitschaft hat, wirklich zu arbeiten, also oder wirklich was an seiner Situation zu ändern, und dass ich ihm dann wirklich helfen kann und unterstützen kann. Das wäre halt so das Optimale. Dass der Mensch auch wirklich ja nicht mit so nem Vorurteil auch klar, er wird es ein bisschen haben aber, dass er halt auch schon wirklich so nen bisschen frei in das Gespräch kommt und sich denkt ‚Okay, eigentlich will ich jetzt wirklich was ändern und sie tut jetzt ihren Job und ähm ich fühle mich jetzt nicht angegriffen. Egal, was sie sagt nee'."

Im Umgang mit den zu Beratenden stellt die interviewte Beraterin zunächst einen optimalen Rahmen vor. Es ist der Beraterin wichtig, dass der zu Beratende sich wohlfühlt. Den optimalen Rahmen erlebt sie durch das Vorhandensein von Offenheit, Arbeitsmotivation und die Bereitschaft zur Situationsänderung bei den zu Beratenden. Im Bezug zur anfänglichen Darstellung erlebt die Beraterin die erneut genannten Verhaltensweisen als bedeutend, um Beratungsgespräche zu realisieren bzw. sie macht die Gestaltung der Beratungen davon abhängig.

Nun wird ein neuer Aspekt angesprochen, auf die sich die Verhaltensweisen der zu Beratenden und ihre Offenheit, Vertrauen und Transparenz auswirken – sie wirken sich auf die Beziehungsgestaltung zwischen der Beraterin und den zu Beratenden aus. Denn die Unterstützung der Beraterin ist von dem Vorliegen dieser Haltungen der zu Beratenden abhängig.

Die Erwartung, dass die zu Beratenden Offenheit zeigen, wird ebenso wie die Bedeutsamkeit dieser Haltung für die Zusammenarbeit erneut klargestellt. Auch die Wichtigkeit und die zentrale Stellung der zu Beratenden wird durch die Anmerkung, dass sie sich wohlfühlen sollen, verdeutlicht. Auf der anderen Seite kommen ihre arbeitsvermittelnden Erwartungen mit dem Hinweis auf die Arbeitsmotivation zum Tragen. Die vorausgesetzte Bereitschaft, die eigene Situation verändern zu wollen, kann nicht mit dem dialogischen Ansatz, die GesprächspartnerInnen in ihrer gegenwärtigen Situation zu akzeptieren und zu bestätigen, vereinbart werden. Den optimalen Rahmen befüllt die Beraterin mit einer weiteren Erwartungshaltung gegenüber den zu Beratenden. Diese sollten nicht vorurteilsbehaftet ins Gespräch kommen, sondern eine gewisse Offenheit mitbringen und in den Gesprächen denken „(...) sie tut ihren Job und ähm ich fühle mich jetzt nicht angegriffen. Egal, was sie sagt, ne".

> „P2: Ja, aber dann ist es mir natürlich auch wichtig, das ist halt immer der andere Aspekt und das meinte ich ganz am Anfang mit dieser Sandwichposition. Ja natürlich ähm meinem, meinen Chefs gerecht zu werden oder nee. Dass ich natürlich meine Quoten einhalte und dass meine Zahlen stimmen, so blöd das auch klingt. Dass ich Maßnahmen schon befüllen kann, (...)."

Sie wiederholt, dass sie eine „Sandwichposition" innehabe und es wichtig sei, ihren Chefs gerecht zu werden. Dies sei verbunden mit dem Einhalten von Quoten, Zahlen und der Belegung von Maßnahmen. Die eingangs angesprochenen widersprüchlichen Interessen ihres Arbeitgebers und der KlientInnen und die dadurch entstehende „Sandwichposition" führt sie aus, indem sie ihren Umgang damit veranschaulicht. Sie verdeutlicht ein Vorhandensein von Ermessensspielräumen, die sie in ihren Beratungen erlebt.

„Ich darf mein Ermessen ausüben, aber auch nur im gewissen Rahmen, und dann der Kunde, was braucht er wirklich."

Die interviewte Beraterin erklärt, dass die Beratungsgespräche im Jobcenter einer Rahmensetzung folgten, sie aber die Möglichkeit habe, nach Ermessen zu entscheiden. Dabei betont sie erneut die

Diskrepanz zwischen dem Beratungsverständnis des Jobcenter XY als den optimalen Ansatz und ihrer erlebten Realität.

Zunächst geht sie auf die konzeptionellen Anforderungen des Jobcenters ein. Das Beratungsverständnis im Jobcenter XY kennzeichnet sich durch die Forderung nach einem „frischen Blick“, die sie wiederholt anbringt. Sie definiert diese Anforderung mit mehreren Haltungen, die von ihr verlangt würden: „positiv sein, nicht bewerten, die Stärken vom Kunden herausfiltern, ihn unterstützen, (...) immer verschiedene Möglichkeiten darbieten nicht nur eine Perspektive.“

> „P2: Alles das, was optimal und positiv ist, im Grunde aber es ist nicht so machbar. Schon, im gewissen Maße, aber trotzdem hat es halt seine Grenzen. Es ist, es gibt immer ein Rahmen. Aber in diesem Rahmen kann man sich natürlich bewegen, wie man will.“

In den vorherigen Ausführungen wurde bereits ersichtlich, dass die Beraterin davon ausgeht, dass die konzeptionelle Anforderung nur eingeschränkt erreicht werden kann, weil dies mit der menschlichen Veranlagung, zu bewerten, nicht vereinbar sein. Diese Einschränkung löst sie für sich durch den Einsatz ihres Ermessensspielraums auf. Das heißt, dass der vorhandene Spielraum ihr erst die Möglichkeit gebe, einen „frischen Blick“ und damit den dialogischen Ansatz denkbar zu machen.

Zwar existiere ein Ermessensspielraum, in dem sie sich „bewegen“ könne, dennoch erfährt dieser Einschränkung und Grenzen. Im Folgenden wird darauf eingegangen, wie oft dieser Ermessensspielraum eingesetzt wird und worin die Beraterin in der Grenzsetzung des Ermessens Konfliktpotenzial erlebt.

„ich bin jetzt einfach mal nur sozial nee, dann ergeben sich keine Konflikte, dann ist aber die Frage, habe ich meine Arbeit gut gemacht“

In ihrer Beratungsarbeit erlebt die interviewte Beraterin Konflikte, die sie meint, eingehen zu müssen oder auch zu wollen, um gute Arbeit zu machen.

Sie stimmt zum Ende des Gesprächs der provokativen Stellungnahme teilweise zu, dass Beratungsgespräche im Jobcenter oft problematisch und konfliktreich seien, weil in der formalisierten Situation des Jobcenters die Möglichkeit, sich auf die zu Beratenden einzulassen, sehr eingeschränkt sei.

Durch eine ausschließlich soziale, mitmenschliche Haltung und ein prozessbegleitendes Mitgehen entstünden keine Konflikte zwischen ihr und den zu Beratenden. Denn dabei richteten sich ihre Haltungen nach den Bedarfen der zu Beratenden, was sie im Ermessensrahmen zulasse. Die Arbeitsvermittlung im Sinne des Arbeitgebers „zöger(t) (sie) immer wieder hinaus".

„Aber dann ist die Frage, inwieweit würde ich halt meine Arbeit wirklich gut machen und dann würde man sich auch wieder streiten". Eine gute Arbeit verbindet sie mit der Entstehung von Konflikten. Die Verbindung zwischen ihrer „Sandwichposition" und Konflikten verdeutlicht ihre Wahrnehmung.

> „P2: Das ist halt der Konflikt. Also wir sind halt wirklich immer in dieser Sandwichposition zwischen was ist wirklich ne, also Gesetz und Ermessen ist ja auch schon und gut. Ich darf mein Ermessen ausüben, aber auch nur im gewissen Rahmen und dann der Kunde, was braucht er wirklich. (…) Ähm und dann kommt er nach nem Jahr zu mir und ähm ja dann muss ich wieder Schritt für Schritt mit ihm aufbauend dann wieder Arbeit suchen."

Der Ermessensrahmen kann auf ihre wahrgenommene Position zwischen den widersprüchlichen Interessen des Arbeitgebers und der zu Beratenden zurück geschlossen werden. Im Ermessenrahmen kann zwischen dem prozessbegleitenden Mitgehen und der Orientierung an den zu Beratenden einerseits und Grenzsetzung dieser durch einen Abbruch der Ermessenentscheidung und der Orientierung an ihren Arbeitgeber und das Ziel der Arbeitsvermittlung andererseits entschieden werden. Letztere wird als konfliktreich erlebt.

Damit kreist die Beratungspraxis um ihre wahrgenommene „Sandwichposition", die sie beginnend und abschließend darstellt.

6.5.2 Beratung zwischen dialogorientierten institutionellen Ansprüchen und erlebter Beratungspraxis

Die Integration in Arbeit wird als zentrales Ziel der Beratung im Jobcenter XY definiert, wie auch vom Gesetzgeber vorgegeben. Um dieses Ziel zu erreichen, sollen mehrere Haltungen der BeraterInnen gegenüber zu Beratenden bewusst in Beratungen eingesetzt werden. Anlehnend an das Beratungskonzept des Jobcenters ist eine Trennung zwischen direkter Arbeitsvermittlung und Beratung unternommen worden. Davon ausgehend wird eine Beratung gezielt eingesetzt, wenn eine direkte Arbeitsvermittlung vorerst nicht in Aussicht gestellt werden kann. Dennoch soll die Vermittlung in Arbeit durch Beratungsangebote gefördert werden, auch auf indirekte Weise mit der Stärkung nicht vorhandener Ressourcen (Hemmnisabbau). Durch Beratungen sollen zielgesteuert Entwicklungsziele für die Arbeitsaufnahme angestrebt werden.

In diesem Beratungsprozess, der zur Arbeitsvermittlung führen muss, sollen BeraterInnen den zu Beratenden einen partizipativen Beteiligungsraum ermöglichen. In der Begegnung sollen sie wertschätzend, anerkennend und auf Augenhöhe agieren. Ausgehend von der Annahme, dass Arbeitsvermittlung erfahrungsgemäß aus Eigeninitiative erzielt wird, setzt das Jobcenter XY auf die Eigenverantwortung der Betroffenen und ihr Engagement im Vermittlungsprozess. Die Beteiligung der zu Beratenden ist ein bedeutsamer Beratungsfaktor, der im Rahmen ihrer Mitwirkungsverpflichtung von ihnen eingefordert werden kann (vgl. Kapitel 3).

Die Beratung im Jobcenter mit einem dialogisch-normativen Ansatz wird vom Grundsatz des „Fördern und Fordern" geprägt. Die KlientInnen sind dementsprechend dazu verpflichtet, die Beratungsangebote in Anspruch zu nehmen und ihre aktive Mitwirkung nachzuweisen. Demgegenüber werden ihnen verschiedene Unterstützungsformen angeboten. Trotz des verpflichtenden und formalisierten Beratungskontext soll eine dialogische Haltung in Beratungen gewährleistet werden.

Die dialogisch-normative Ausrichtung der Beratung im Jobcenter erfährt bereits in der Konzeption eine Einschränkung. In der Diskussion des Beratungskonzepts sind bereits mehrere Diskrepanzen zum theoretischen Beratungsverständnis aufgezeigt worden. Diese Widersprüchlichkeiten drücken sich darin aus, dass die BeraterInnen des Jobcenters einerseits die Autonomie und Eigenverantwortung der einzelnen KlientInnen im Beratungsprozess berücksichtigen und stärken sollen. Andererseits sollen sie eine ermittelnde, steuernde und zielfixierte Haltung, die eine Arbeitsaufnahme anstrebt, verfolgen.

Es lassen sich damit zwei grundlegende Charakteristika von Beratungen im Jobcenter XY feststellen – die dialogorientiert unterstützende und die kontrollierend vorbestimmende Haltungsorientierung. Darüber hinaus werden die geforderten offenen, unvoreingenommenen und einzelfallorientierten Haltungen der BeraterInnen im Beratungskonzept mit Einschränkungen wiedergefunden. Das Konzept beinhaltet eine schematisierte kategoriengeleitete Begegnung, die eine kriteriengeleitete Einrahmung der Beratungen hervorruft.

Innerhalb dieser Rahmensetzung erweist sich eine dialogische Orientierung nur eingeschränkt umsetzbar. Inwiefern kann die Autonomie der zu Beratenden, trotz formalisiertem Beratungsschema und festem Ergebnis, gewährleistet werden? Die bereits theoretisch herausgearbeitete Diskrepanz spiegelt sich in der Beratungspraxis wider.

Zunächst ist in verschiedenen empirisch durchgeführten Studien und Literaturrecherchen bereits festgestellt worden, dass in einer formalisierten, vorbestimmten und schematisierten Beratungsstruktur eine Orientierung an Einzelbedarfen nur eingeschränkt umsetzbar ist. Andererseits wird in Frage gestellt, inwiefern eine offene Haltung und Orientierung an den Bedürfnissen der KlientInnen im Beratungsrahmen mit festgelegtem Ziel ermöglicht werden kann. In der Arbeitslosenberatung ist eine positive Arbeitsbeziehung zwischen BeraterInnen und KlientInnen eine ausschlaggebende Voraussetzung für eine wirksame und erfolgreiche Beratung. Nun ist erkenntnisleitend anhand vorliegender Fallanalyse zu erforschen, inwiefern ein Dialog in der Arbeitslosenberatung eingesetzt wird und welche Grenzen eine dialogische Haltung in der Praxis erfährt (vgl. Kapitel 3-5).

In der Beratungspraxis des Jobcenter XY ist eine Einzelfallorientierung im vorgegebenen Rahmen begrenzt möglich. Der dialogische Ansatz im Beratungsverständnis erweist sich tatsächlich als ein Ideal, das in der Umsetzung mehrere Begrenzungen erfährt.

Zwar kann eine Vereinbarkeit zwischen den geforderten dialogischen Ansätzen und eine Arbeitsvermittlung stattfinden, diese stößt jedoch an Grenzen. Dementsprechend zeigt sich die Widersprüchlichkeit zwischen Beratungsverständnis und Beratungskonzept ebenfalls im Umgang mit den zu Beratenden.

Es besteht die Möglichkeit, sich im beraterischen Ermessensrahmen an den Bedürfnissen der KlientInnen zu orientieren und ihre Interessen im Beratungsprozess zu berücksichtigen. Dabei nehmen die BeraterInnen eine prozessbegleitende Rolle ein, um Partizipation, Autonomie und Eigenverantwortung der zu Beratenden zu fördern. Die dialogische Haltung ist hier jedoch nicht uneingeschränkt vorhanden. Die zu Beratenden sind an die zeitliche Einrahmung der Beratungsfachkraft gebunden, aber auch an die Erreichung des Beratungsziels im vorgesehenen Zeitraum. Die Beratung im Jobcenter kennzeichnet sich in der Praxis nämlich durch eine Ergebnis- und Nutzenorientierung. Dementsprechend soll die zugestandene Autonomie der zu Beratenden versehen mit einer zeitlichen Fristsetzung eine Arbeitsaufnahme aus Eigeninitiative zur Folge haben.

Nach dem Ablauf der Fristsetzung für die abgesprochene Zielerreichung im Rahmen der prozessbegleitenden Beratungsphase wird der Erfolg kontrolliert. Falls das zu erreichende Ziel nicht erreicht wird, dann findet eine machtorientierte Beratung statt. Dies bedeutet, dass das Verhalten in der Beratung eine eindeutige Wende erfährt. Zuerst werden die Interessen und Bedarfe der zu Beratenden berücksichtigt und somit ansatzweise eine dialogische Orientierung beachtet.

In der machtorientierten Haltung werden die zukünftigen Ziele allein durch die Beratungsfachkraft festgelegt und die zu Beratenden erhalten keinen partizipativen Raum mehr. In der vorliegenden Sinnstruktur wird eine Durchsetzungshaltung eingenommen bzw. machtorientierte Instrumente eingesetzt, um eine Arbeitsaufnahme zu erreichen. Dementsprechend sind die Ziele, die KlientInnen in Arbeit zu integrieren und ihnen gleichzeitig dialogisch offen zu begegnen, nicht miteinander vereinbar. Dies bedeutet, dass eine dialogorientierte unterstützende Haltung nicht kombiniert werden kann mit einer kontrollierenden vorbestimmenden Haltung.

Die Wende in der Haltung findet statt, da in einer formalisierten Beratungsstruktur mit festem Ziel dialogische Ansätze wenig bis gar nicht zielführend sind. Der Arbeitgeber wird ausschließlich mit einem arbeitsvermittelnden Charakter definiert. Hieraus ergibt sich, dass der arbeitsvermittelnde Charakter des Jobcenters in Beratungen dominiert. Das dialogorientierte Beratungsverständnis des Jobcenters wird in der Praxis nicht wahrgenommen. Dementsprechend werden verschiedene Strategien, auch machtorientierte, eingesetzt, um das Ziel der Arbeitsvermittlung zu erreichen.

Zusammenfassend lassen sich in der prozessbegleitenden Beratungsphase dialogische Ansätze mit Anteilen kontrollierender Haltung wiederfinden. In der machtorientierten Beratungsphase werden keine dialogischen Haltungen mehr eingenommen, um die Arbeitsaufnahme im Sinne des Jobcenters durchzusetzen.

Anlehnend an die Forschungsfrage wird festgestellt, dass eine dialogische Orientierung in Beratungen nicht a priori vorhanden ist. Sie wird eher nach der Ermessensentscheidung der BeraterInnen eingesetzt, um eine eigenverantwortliche Arbeitsaufnahme der KlientInnen zu fördern. Falls die eigenverantwortliche Arbeitsaufnahme nicht erreicht wird, werden kontrollierende, vorbestimmende Mittel eingesetzt. Damit wird eindeutig, dass die institutionelle Anforderung der Verringerung der Arbeitslosenquote in den Vordergrund gestellt wird. Das Jobcenter als Arbeitgeber dominiert hier mit dem Vorsatz der Arbeitsvermittlung. Die Nutzung dialogischer Ansätze wird nicht ebenso als Auftrag des Arbeitgebers erlebt.

Die Herausforderung in der Arbeitslosenberatung besteht darin, dass die Beratung von zwei Akteuren mit unterschiedlichen Interessen geprägt ist, die zunächst mit einer dialogorientierten Haltung und kontrollierenden Ansätzen zu vereinbaren versucht werden. Die BeraterInnen fühlen sich dazu verpflichtet, in der machtorientierten Haltung ausschließlich das Ziel des Arbeitgebers durchzusetzen. Eine unvoreingenommene Haltung kann mit diesen widersprüchlichen Anforderungen und einschränkenden Rahmenbedingungen nicht eingehalten werden.

Die Vereinbarung der widersprüchlichen Interessen und ein passender Umgang damit stellt auch die Professionalität in der Beratung vor Herausforderungen. Dabei wird ein persönlicher Bezug zum Beratungsgeschehen aufgebaut, um eine durchsetzende Haltung einzunehmen und die zu Beratenden mit machtorientierten Mitteln zu steuern.

Die aufgedeckten Widersprüchlichkeiten der Interessen an Beratung führen dazu, dass die BeraterInnen im Jobcenter unter Ergebnisdruck stehen. Denn in der Fallanalyse wird auch bestätigt, dass in formalisierten Beratungskontexten BeraterInnen eher dazu tendieren, institutionelle und rechtliche Vorgaben zu erfüllen, um somit eine Sicherheit in der Beratungsqualität zu erlangen. Denn die Qualität der Beratung wird bekanntlich davon abhängig gemacht, inwiefern die institutionellen Ziele umgesetzt wurden, weniger an der dialogischen Persönlichkeitsentwicklung orientiert an Einzelbedarfen. Ferner besteht auch ein öffentliches Interesse an der Verringerung der Arbeitslosenquote. Hierdurch können die BeraterInnen nicht uneingeschränkt die Rolle einer dialogischen Prozessbegleitung einnehmen, weshalb Zeitrahmungen festgelegt werden. Die quantitative Leistungsprüfung der Beratungsarbeit im Jobcenter, die sich in der Arbeitslosenquote ausdrückt, erhöht den Druck, Menschen in Arbeit zu vermitteln.

Eine unvoreingenommene Haltung ist aus weiteren Gründen nicht möglich. Im Beratungskonzept des Jobcenters wird ein Kategoriensystem für die Ermittlung der Lebenssituation der KlientInnen vorgegeben. Daran orientiert sollen BeraterInnen Entwicklungsziele für die Beratung bestimmen. Dementsprechend wird in der Beratungspraxis die Bewertung der zu Beratenden als beraterische Aufgabe wahrgenommen. Eine unvoreingenommene Haltung ist demnach nicht möglich, denn im Beratungskonzept wird die Kategorisierung der zu Beratenden eingefordert. Damit wird eine dialogische Offenheit gegenüber den zu Beratenden eingeschränkt.

Das heißt, der schematisierte Beratungsprozess, orientiert an dem Beratungskonzept, der anhand von vorgegebenen Kategorien erfolgen soll, findet sich in der Beratung wieder. Dort werden zu Beratende anhand bestimmter Bewertungsmaßstäbe eingeschätzt, um ihre Entwicklungsziele festzustellen. Die Beratungsfachkräfte sollen einerseits eine unvoreingenommene, offene Haltung einnehmen und gleichzeitig die zu verbessernden Ressourcen anhand von Kategorien bestimmen. Dies erweist sich in der Beratung als schwer umsetzbar. Auch die im Beratungsverständnis angegebene dialogische Stärkenorientierung findet sich in der Praxis nicht wieder. In der Beratung werden gezielt veränderungsbedürftige Zustände herausgearbeitet, um diese zu stärken. Eine ressourcenorientierte Beratung ist in diesem Zusammenhang nicht vorhanden.

Andererseits werden die Gestaltungsmöglichkeiten der Beratungsgespräche von den zu Beratenden abhängig gemacht, womit zunächst ein dialogischer Ansatz vertreten wird, da den zu Beratenden eine selbstverständliche Beteiligung am Gespräch zugesprochen wird. Die Beratung wird als gestaltbar und wenig festgelegt dargestellt.

Daraus abgeleitet steht die Arbeitslosenberatung grundsätzlich zwischen Offenheit, Teilnahme am Prozess und Orientierung an den zu Beratenden und Hinführung zum Ziel, schematisiertem Beratungsablauf und eingeschränkter Offenheit.

Zusammenfassend muss gesagt werden, dass eine Vereinbarung des Beratungskonzeptes und des Beratungsverständnisses in der Praxis nur eingeschränkt möglich ist. Daraus lässt sich herleiten, dass ein dialogisches Verständnis von Beratung nicht in Gänze umgesetzt wird bzw. im formalisierten Ablauf nicht umsetzbar ist. Auch wenn sich Ansätze dialogischer Beratung zeigen, sind die Beratungskontexte jedoch eingebettet in Prozesskontrolle und einer bestimmenden Rolle der BeraterInnen. Eine Begegnung auf Augenhöhe mit einer vollkommenen Gleichstellung liegt demnach nicht vor.

6.6 Diskussion der Ergebnisse

Der Beratungskontext des Jobcenters lässt zwei Interessengruppen erkennbar werden, die die Beratung bestimmen. Dies sind der Arbeitgeber auf der einen Seite und die KlientInnen auf der anderen

Seite. Das Vorhandensein verschiedener Mandate in der Arbeitslosenberatung lässt sich auf das von Staub-Bernasconi (2007) analysierte doppelte Mandat zurückführen. Hiernach stehen MitarbeiterInnen zwischen Orientierung an Belangen und Interessen der KlientInnen und der Durchführung von institutionell vorbestimmten Aufgaben. Die Interessenunterschiede beider Akteure führen zu einer Spannung in der Rollenausführung: Einerseits die Förderung der Selbstbestimmung der KlientInnen und andererseits die Übernahme von Kontrollaufgaben im Sinne des Arbeitgebers. Die Rolle der MitarbeiterInnen wird darin gefunden, zwischen beiden Positionen zu vermitteln (vgl. Sowa & Stapels, 2017).

In der Arbeitslosenberatung lässt sich das doppelte Mandat klar feststellen. Die BeraterInnen im Jobcenter sollen einzelfallbezogene Beratung anbieten und sich dabei an den zu Beratenden orientieren. Gleichzeitig steht der Arbeitgeber demgegenüber mit den Interessen, die Arbeitslosenquote zu verringern und die Maßnahmen zu besetzen. Das Spannungsverhältnis zwischen sozial und ökonomisch angelegten Zielen soll von MitarbeiterInnen vereinbart werden. Das doppelte Mandat in der Arbeitslosenberatung stellt ebenso einen herausfordernden Beratungsrahmen, indem beide Interessen miteinander vereinbart werden sollen. Der Spagat zwischen Unterstützung und Kontrolle schränkt eine dialogorientierte Haltung, die keine Kontrolle vorsieht, massiv ein.

Die Forschungsergebnisse von Dittmar (2016) bestätigen diese Feststellung. Der Studie ist zu entnehmen, dass die Zielfindung bereits durch den spezifischen Erbringungskontext der aktivierenden Arbeitsmarktpolitik von außen festgesetzt ist. Es geht stets um die Arbeitsaufnahme, diese wird mittelbar oder unmittelbar im Beratungsprozess angestrebt. Dadurch besteht keine offene Haltung zum Beratungsfall, sondern die Begegnung findet spezifisch im Kontext der Arbeitsvermittlung statt. Somit ist das Dienstleistungsverständnis der öffentlichen Arbeitsverwaltung stark durch den institutionellen Rahmen der aktivierenden Arbeitsmarktpolitik determiniert, wodurch Dienstleistungsrahmenbedingungen wie eine dialogische Haltung in weiten Teilen nicht zum Tragen kommen können. Daraus wird abgeleitet, dass die Jobcenter als soziale Organisation mit bürokratischen Elementen definiert werden sollten.

Um die Jobcenter als Organisationsform zu definieren und daran anlehnend die Beratungsprozesse zu diskutieren, wird eine andere Definition bevorzugt. Die Jobcenter als Beratungsinstitution können in der Organisationstheorie eindeutig als hybride Organisationen deklariert werden. Mit einer hybriden Organisationsform wird die Existenz verschiedener zu vereinbarender Merkmale, die in einer Organisation vorhanden sind, bezeichnet. Die Arbeitsvermittlung, die sozial ausgerichtet ist und gleichzeitig einen ökonomischen Charakter hat, erfüllt die Charaktermerkmale hybrider Organisationsstrukturen. Jobcenter kombinieren staatliche, gesellschaftliche und eigeninstitutionelle Interessen (vgl. Evers & Ewert u.a., 2010; Dittmar, 2016; Glänzel & Schmitz, 2010).

Verschiedene Forschungen bestätigen auch, dass Organisationen der Arbeitsvermittlung - in diesem Fall werden auch die Arbeitsagenturen mit angesprochen - nicht eindeutig als ökonomische, soziale oder staatliche Organisationsformen gelten können (vgl. Sowa & Stapels, 2017; siehe auch Battilana & Dorado, 2010; Pache & Santos 2010).

Die institutionellen und rechtlichen Vorgaben bzw. Rahmenbedingungen erweisen sich als dominante Einflussfaktoren in der klientenorientierten Arbeit. Zwar wird von einer Aktivierungspolitik gesprochen, wobei auch die Orientierung an KlientInnen angestrebt wird, doch die Realität sieht anders aus. Die Studien verweisen auf ein Spannungsverhältnis zwischen der Aktivierungsaufgabe und einzelfallorientierter Arbeit. So stellen Sowa & Stapels (2017) die Studie von Ludwig-Mayerhofer u.a. (2009) vor, die die Interaktion zwischen BeraterInnen und KlientInnen unter Berücksichtigung des rechtlich und sozial vorgegebenen Rahmens der Interaktion untersucht. Auch hier wird bestätigt, dass die Interaktion vom rechtlichen Rahmen und vom Aktivierungsauftrag beeinflusst wird (vgl. Sowa & Stapels, 2017).

Auf die vorliegende Untersuchung bezogen kann die Hypothese aufgestellt werden, dass die BeraterInnen im Jobcenter sich im Spannungsverhältnis zwischen der Aktivierungsaufgabe und einzelfallorientierter Arbeit befinden und machtorientierte Instrumente einsetzen, um den Aktivierungsauftrag zu erfüllen, der eigentlich ebenso die Anforderung hat, sich in der Beratung auf die Einzelbedarfe einzulassen. Die Machtorientierung im Jobcenter kann mit produzierten Spannungsverhältnissen durch gesetzliche Vorgaben verbunden werden.

Anders sind Hielscher und Ochs (2009) in ihrem Forschungsvorhaben vorgegangen. Ihr Interesse war es zu erforschen, inwieweit eine Vereinbarung zwischen rechtlichem Auftrag und Bedürfnissen der KlientInnen realisierbar ist. Das Ergebnis dieser Studie bestätigt nochmals, dass die MitarbeiterInnen in der Arbeitsvermittlung verstärkt rechtliche Vorgaben befolgen, wobei Ansätze einer KlientInnenorientierung durchaus erkennbar sind. Die gesetzlichen Rahmenbedingungen dominieren im Umgang mit KlientInnen, sodass eine Bedarfsorientierung nur eingeschränkt umgesetzt werden kann.

Auch die vorliegende Studie bestätigt diese Ergebnisse. Das Jobcenter kennzeichnet sich durch unterschiedliche zu erfüllende Aufgaben und Interessen. So werden soziale Ziele, wie die Eigenverantwortung der KlientInnen zu fördern oder die Orientierung an ihren Bedarfen, vorgeschrieben. Demgegenüber soll das Ziel jeder Beratungstätigkeit die Vermittlung in Arbeit sein, sodass die Interessen des Arbeitgebers und der Gesellschaft in erster Linie verfolgt werden sollen. Andererseits werden institutionelle Refinanzierungsinteressen, wie z.B. Maßnahmenbesetzung, verfolgt. Zusammenfassend kann gesagt werden, dass hier zum einen ein doppeltes Mandat mit verschiedener Interessenvertretung erkennbar ist. Zum anderen bedingen diese schwer zu vereinbarenden Interessenunterschiede verschiedener Akteure verschiedene Organisationsmerkmale (z.B. sozial, ökonomisch und gesellschaftlich). Unter anderem setzen sie die MitarbeiterInnen in ein Spannungsverhältnis und sie lassen das Jobcenter als eine hybride Organisation kennzeichnen.

Die BeraterInnen im Jobcenter befinden sich im Spannungsverhältnis zwischen Hilfe und Kontrolle. Sie haben einen Hilfeauftrag, sind aber auch ausgestattet mit Macht, um gesellschaftliche

Interessen durchzusetzen. In diesem Spannungsfeld stehen Professionalität und Machtausübung im Mittelpunkt. Die Verbindung des doppelten Mandats und die Vereinbarung der Interessen stellt die Professionalität der BeraterInnen vor Herausforderungen.

Die Vereinbarung verschiedener widersprüchlicher Interessen und ein passender Umgang kennzeichnet eine professionelle Haltung in der beruflichen Rolle. Denn Professionalität heißt, in der Lage zu sein, mit Paradoxien angemessen umzugehen, sie auszubalancieren (vgl. Becker-Lenz, 2013).

In allen Berufen bestehen verschiedene Rollenerwartungen, die an die jeweiligen MitarbeiterInnen von unterschiedlichen Seiten herangetragen werden. Diese Anforderungen widersprechen sich auch oftmals - wie bei einem doppelten Mandat des Jobcenters. Falls eine Unvereinbarkeit verschiedener Rollenerwartungen besteht, finden Konflikte, Konfrontationen und Machtkämpfe statt (vgl. Fehlau, 2009). Demnach führen das doppelte Mandat, das Jobcenter als hybride Organisation und die Widersprüchlichkeiten zwischen Beratungsverständnis und Beratungskonzept automatisch zu Konflikt- und Machtkämpfen zwischen BeraterInnen und zu Beratenden, wenn kein professioneller Umgang mit den Widersprüchlichkeiten erfolgt (ebd.).

Im Jobcenter kann zudem von einem Durchsetzungskampf ausgegangen werden. Zwischen den widersprüchlichen Interessen wird die Professionalität aufgegeben, um das Interesse des Arbeitgebers durchzusetzen. Zwischen den gegensätzlichen Zielen beider Interessengruppen befindet sich der/die jeweilige BeraterIn. Hier streben die BeraterInnen die Vertretung institutioneller Vorgaben an. Das doppelte Mandat wird nicht miteinander verbunden, die institutionelle Seite wird vertreten. Im dialogorientierten Rahmen einer Beratung könnte versucht werden, diese Interessen miteinander zu vereinbaren.

Es bestehen jedoch mehr Positionierungsmöglichkeiten der BeraterInnen zwischen vorhandenen Interessenparteien. Nicht nur das Vorhandensein unterschiedlicher Interessen stellt eine wesentliche Herausforderung an die jeweiligen BeraterInnen, sondern auch die unterschiedlichen Positionierungsmöglichkeiten. So hat

Tiefel (2004) in Anlehnung an Chur (1998) vier mögliche BeraterInnenpositionen aufgeführt. Die erste Position entspricht der im Jobcenter vorliegenden: Die BeraterInnen handeln im Sinne eines institutionellen Auftrags als Kontrollinstanz. Andererseits besteht die Möglichkeit, dass die BeraterInnen im Sinne der zu Beratenden handeln und ihre Interessen verteidigen. Der Versuch, beide Interessen zu vereinbaren und die Beratung als ein Instrument der Kombination beider zu nutzen, ist eine dritte Variante. Nach der Darstellung von Chur (1998) bedürfen diese drei Positionsmöglichkeiten einen Raum an Kompromissfähigkeit. Alle drei angeführten Möglichkeiten schränken die beraterische Handlungsautonomie ein, die sich in jeder der Positionsmöglichkeiten an gewissen Regelegungen oder Vorgaben orientieren soll. Aus dieser Erkenntnis heraus wird bei einem doppelten Mandat in der Beratung eine weitere Positionierungsmöglichkeit empfohlen. BeraterInnen sollen eine Allparteilichkeit ergreifen und sich keiner Position zuordnen. Das bedeutet, dass sie sich als neutrale Position wahrnehmen, die zwar aktiv im Prozess agiert, aber nicht bei einer machtorientierten Durchsetzung bestimmter Ziele involviert wird. An anderer Stelle wird diese komplexe Haltung einer offenen Prozessbegleitung als Schlüsselkompetenz aufgefasst, welche letztendlich auch bei der Klientel gefördert werden sollen (vgl. Tiefel, 2004).

Die machtorientierte Positionierung der BeraterInnen im Jobcenter weist auf unprofessionelle Positionierungsentscheidungen hin. Auch die Empfehlungspositionierung, keine Position einzunehmen, wäre für das Jobcenter passend. Denn damit geht Offenheit im herkömmlichen Sinne einher: Ergebnisoffenheit, Offenheit gegenüber zu Beratenden und offener Beratungsverlauf. Dies kann jedoch nur ermöglicht werden, wenn kein formalisiertes Beratungskonzept verbindlich vorgegeben wird, aber auch das Beratungsziel nicht fest vorgesetzt wird.

Daraus abgeleitet hängt eine Machtorientierung in der Beratung mit der ausgewählten Positionierung der Beratungsfachkraft im Beratungsprozess zusammen. Unter Macht wird nach Max Weber (1972, S. 28) verstanden,

> „(…) jede Chance, innerhalb einer sozialen Beziehung den eigenen Willen auch gegen den Widerstand anderer durchzusetzen, gleichviel worauf diese Chance beruht."

In Bezug auf Beratungsprozesse wird stützend auf diese Definition unter Macht verstanden, dass der/die BeraterInnen eigene (oder institutionelle) Vorsätze auch gegen das Interesse der zu Beratenden durchsetzen. Macht gilt auch als Sammelbegriff für vielartige Möglichkeiten der Durchsetzung (vgl. Weber, 1972). Denn durch legitimierte Ausführung von Kontrollaufgaben im Auftrag der Institution oder des Gesetzgebers ist eine Inanspruchnahme von Macht zwangsläufig notwendig. Im Rahmen einer institutionellen Beauftragung werden die Interessen dieser auch gegen die Interessen der KlientInnen auf der anderen Seite durchgesetzt. Demnach kann Macht unter anderem als jede Form einseitiger Durchsetzung gegen den Willen anderer verstanden werden (vgl. Wendt, 2017 nach Max Weber; Fuchs-Heinritz u.a., 2007).

Daran orientiert, ist die vorhandene kontrollierende, überprüfende, vorbestimmende und durchsetzende Haltung in Beratungen des Jobcenters, um die zu Beratenden in Arbeit zu vermitteln, eine Form von Inanspruchnahme von Macht. Diese legitimierte Inanspruchnahme von Macht wird gesetzlich und institutionell ermöglicht.

Abgesehen von den vorhandenen Machtinstrumenten, die im Sinne einer Arbeitsvermittlung eingesetzt werden, ist das Expertenwissen von BeraterInnen eine Machtursache jeder Beratung. Die BeraterInnen haben einen Informationsvorsprung und dadurch auch eine legitimierte Deutungs- und Definitionsmacht (vgl. Krause & Rätz-Heinisch, 2009).

Aus der komplexen Situation der zu Beratenden wird die Problemdefinition für die Arbeitsvermittlung von BeraterInnen im Jobcenter abgeleitet. Genau an dieser Stelle sollte der Dialog eingesetzt werden, um die Definitionen der betroffenen Menschen in den Vordergrund zu stellen. Das formalisierte Kategorienschema der Beratung gibt den BeraterInnen eine Deutungs- und Entscheidungsmacht, um in eigener Rolle mit Orientierungsvorsprung Entscheidungen zu treffen. Die Macht drückt sich auch darin aus, dass die BeraterInnen vermeintlich fehlende Ressourcen ermitteln und diese als problematisch definieren. Demnach sind sie diejenigen, die urteilen, welche Ressourcen die zu Beratenden besitzen sollen, um in die Kategorie der Arbeitsvermittlung eingeordnet zu werden.

Mit der Entstehung bzw. Entscheidung für ein Macht- bzw. Durchsetzungskampf der Interessen steht wie bereits angeschnitten auch die Professionalität der MitarbeiterInnen im Fokus. Eine professionelle Haltung beinhaltet die Bereitschaft und auch Fähigkeit der BeraterInnen hinsichtlich der Umsetzung ihrer Aufgaben Verantwortung zu zeigen. Dabei soll auch ihre Beratungsaufgabe und gleichzeitig ihr organisationsbezogenes Handeln und ihre Beratungsprofessionalität berücksichtigt werden (vgl. Petersen & Schiermann u.a., 2014).

Um ein professionelles BeraterInnenhandeln zu erbringen, sind verschiedene Kompetenzen notwendig. Das Verbundprojekt „Beratungsqualität in Bildung, Beruf und Beschäftigung" hat mithilfe etlicher ExpertInnen aus unterschiedlichen Beratungsfeldern eine Ausarbeitung über professionelles Handeln von BeraterInnen entwickelt. Dabei liegt der Fokus auf den notwendigen Kompetenzen, die Beratende entwickeln sollen, um eine professionelle Beratung anzubieten. Erwähnenswert ist an diesem Punkt, dass der Entwicklung eines Kompetenzprofils für professionelle Haltung von BeraterInnen ein systematisches Beratungsverständnis zugrunde liegt (ebd.).

Zunächst geht ein systematisches Beratungsverständnis davon aus, dass das Beratungsgeschehen als ein System bzw. auch eine Interaktion zwischen zwei verschiedenen Teilsystemen definiert werden soll. Die zwei Teilsysteme sind die BeraterInnen und die zu Beratenden. Davon ausgehend, dass in Beratungsprozessen neben den persönlichen Ressourcen der zu Beratenden und der BeraterInnen auch institutionelle und gesellschaftliche Kontexte Einfluss auf die Beratung nehmen und sich darin wiederfinden, werden die Kompetenzen entwickelt (ebd.).

Beim institutionellen Aspekt handelt es sich um das Beratungsverständnis und die Rahmenbedingungen der Beratungsorganisation. Nach einem systematischen Beratungsverständnis ist Beratungsgeschehen in gesellschaftlichen Kontexten eingebettet. Der Beratungsauftrag resultiert erst aus gesellschaftlichen Kontexten, wie im Jobcenter im Rahmen der Arbeitsmarktpolitik. Darüber hinaus spielen dabei auch ökonomische und rechtliche Vorgaben eine wesentliche Rolle. Diese institutionelle, gesellschaftliche, ökonomische und rechtliche Einflussnahme auf die Beratung wird in wenigen Beratungskonzepten thematisiert (vgl. Petersen & Schiermann u.a., 2014).

Auch die vorliegende empirisch angelegte Arbeit geht von einem systematischen Beratungskontext im Jobcenter als Beratungsinstitution aus. Dementsprechend sind das Experteninterview und die Beratungspraxis aus einer systemorientierten Annahme im institutionellen Kontext interpretiert worden. Die Beratungspraxis ist nicht losgelöst von rechtlichen, gesellschaftlichen und institutionellen Vorgaben betrachtet worden. Darum sind die entwickelten Kompetenzen professioneller Haltung in Beratungen auch für die Beratung im Jobcenter gültig.

Die These, dass die Systeme, die Einfluss auf Beratungsprozesse nehmen, in Beratungskonzepten überwiegend nicht berücksichtigt werden, trifft auf das Beratungskonzept des Jobcenter XY zu. Im Konzept werden die Rahmenbedingungen der Institution, die rechtlichen Vorgaben und die dadurch möglicherweise entstehende Lenkung der Beratung nicht thematisiert. Dadurch werden die BeraterInnen in ihrem Handeln losgelöst von rechtlichen, institutionellen oder öffentlichen Systemen dargestellt. So werden Beratungsqualitäten bzw. auch fehlbehaftete Beratungen an individuellen Verhaltensweisen der Klientel festgemacht und weniger an vorhandene Rahmungen, in denen sich die BeraterInnen befinden.

Ausgehend von dem systematischen Verständnis von Beratung, das auch für das Jobcenter gilt, ergeben sich insgesamt drei Kompetenzgruppen: prozessbezogene Kompetenzen, organisationsbezogene Kompetenzen und gesellschaftsbezogene Kompetenzen. Eine professionelle Beratungshaltung verwirklicht sich im Zusammenwirken dieser drei unterschiedlichen Gruppen. Diese drei Gruppen beinhalten jeweils einzelne Fähigkeiten, die die BeraterInnen entwickeln sollen, um Anforderungssituationen in Beratungen professionell entgegenzutreten (vgl. Petersen & Schiermann u.a., 2014).

Besonders in der Arbeitslosenberatung im Jobcenter, geprägt von hybriden Organisationsstrukturen, einem doppelten Mandat und der legitimierten Machtorientierung, sind Anforderungssituationen in Beratungsprozessen vorhanden. Umso notwendiger wird es, eine professionelle Haltung in Beratungen zu verinnerlichen. Im Weiteren werden vorzugsweise Kompetenzen aufgeführt, die nach den Ergebnissen der Fallstudie fehlen.

Eine wichtige Kompetenz professionelles Handeln ist, dass die BeraterInnen im beruflichen Kontext mit Kritik und Konfliktsituationen konstruktiv umgehen können (vgl. Petersen & Schiermann u.a., 2014).

Diese professionelle Kompetenz ist in machtorientierten Handlungsweisen im Jobcenter nicht vorhanden. Im Gegensatz dazu wird ein persönlicher Bezug im Rahmen der Beratungsinteraktion hergestellt. Damit wird die Professionalität aufgegeben, um in einem Durchsetzungskampf das institutionelle Ziel, die Menschen in Arbeit zu integrieren, zu erreichen. Der persönliche Bezug im beruflichen Kontext findet eindeutig nur im machtorientierten Teil des Beratungsprozesses statt, in dessen Rahmen nicht mehr die Rolle als Beraterin im Vordergrund steht. Wie festgestellt, werden in der machtorientierten kontrollierenden Haltung institutionelle Interessen durchgesetzt. Aus diesem Zusammenhang entsteht die Hypothese, dass das vorgegebene Ziel des Jobcenters nicht nur eine dialogorientierte Haltung einschränkt, die BeraterInnen in Spannungsverhältnisse führt, sondern auch die Professionalität dieser beeinträchtigt, da sie durch persönlichen Bezug die Arbeitsvermittlung vorbestimmend durchzusetzen beabsichtigen.

Abgesehen davon liegt die Arbeitsvermittlung auch im öffentlichen Interesse. Auch in der Fallstudie erfährt die Beratungsleistung bzw. die Bewertung von Erfolg der Beratungsarbeit eine quantitative Dimension. Die quantitative Dimension drückt sich in der Anzahl der Arbeitsaufnahmen oder in der Verringerung der Arbeitslosenquote aus. Auch dieser Aspekt nimmt Einfluss auf die Beratungspraxis, da so eine Einzelfallorientierung eingeschränkt umsetzbar wird. Der quantitative Leistungsdruck fordert die BeraterInnen dazu heraus, die Beratung mit gezieltem arbeitsvermittelndem Ansatz durchzuführen.

Dieses Ergebnis wird mit einer Kapitalismusanalyse verknüpft und in diesem Zusammenhang interpretiert. Grundsätzlich haben Zahlen und Mengenangaben eine enorme Bedeutung in einer kapitalistischen Gesellschaft. Deutschland ist geprägt vom Kapitalismus. Kapitalistische Ausprägungen auf die Gesellschaft drücken sich darin aus, dass die Selbstbeschreibung auf kalkulatorischen Konstrukten, wie beispielsweise dem Bruttosozialprodukt oder, für uns relevant, der Arbeitslosenrate, basiert. Auch Prozesse der gesellschaftlichen Steuerung und Kontrolle werden im Rahmen von Quantitäten ausgedrückt. Der wirkliche Einfluss von Zahlen besteht in ihrer Definitionsmacht. Das heißt, dass Zahlen in ihrer institutionell abgesicherten Fähigkeit Erfolgsparameter gesellschaftlicher Leistungsprozesse definieren. Aus der kapitalistischen Sichtweise sind dementsprechend Maßnahmen notwendig, um diese Erfolgsparameter ausgedrückt in Zahlen zu erreichen (vgl. Vormbusch, 2004).

Die Behörden und das Spektrum professioneller Dienstleistungen im Sinne der kapitalistischen Gesellschaft sind vielfältig. Diese Einrichtungen können als Auftrag Bereitstellung, Sammlung und Interpretation von Daten, die für die Kontrolle und Steuerung des kapitalistischen Produktionsprozesses benötigt werden, haben. Diese Einrichtungen werden anhand von Rechnungslegung, Prüfung von Jahresberichten und auf Erfüllung bestimmter Qualitätsstandards bzw. Umsetzung des Auftrags in Quantitäten hin geprüft. Diesen Institutionen, darunter auch das Jobcenter, wird ein organisierter, institutionell legitimierter Zahlengebrauch, dem eine leitende, hinsteuernde und kontrollierende Funktion in Hinblick auf ökonomische Prozesse zugrunde liegt, zugesprochen (vgl. Vormbusch, 2004). Die Arbeitslosenberatung ist davon geprägt und wird mit dem Druck, die Menschen in Arbeit zu vermitteln, um die quantitativen Erfolgsparameter zu erfüllen, durchgeführt. Die gesetzlich erwartete Stärkung der Eigenverantwortung der zu Beratenden lässt sich nicht in Quantitäten ausdrücken. Die Widersprüchlichkeiten im Leitbild und in der Umsetzung lassen sich neben der Mesoebene auch auf der Makroebene feststellen.

Betzelt & Bode (2018) versuchen anlehnend an die Gouvernementalitätsstudien von Foucault das Verhältnis von Staat, Sozialpolitik und Subjekten zu analysieren. Davon ausgehend, dass die Arbeitsvermittlung besonders in der deutschen Erwerbsgesellschaft eine hohe Relevanz erfährt, wird angenommen, dass diese Gesellschaft geprägt ist vom Erwerbsprinzip. Dies wird damit begründet, dass ein menschenwürdiges Leben und ein von Transferleistungen unabhängiges Leben nur durch Erwerbstätigkeit erreicht werden kann. Anhand der Gouvernementalitätsstudien ist herzuleiten, dass der Staat den in der Gesellschaft lebenden Subjekten im Rahmen eines Machtsystems legitimierte Lebensbilder vorgibt. Dementsprechend existieren in der aktivierenden Arbeitsmarktpolitik die vorbestimmenden Vorstellungen, dass Arbeitstätigkeit als wünschenswert und der Norm entsprechend definiert wird und Arbeitslosigkeit als von der Norm abweichend gilt (vgl. Betzelt & Bode, 2018; Foucault, 2013).

Deshalb steht in der Beratungsarbeit in Jobcentern eine verbindliche und zwangsläufige Vermittlungsarbeit im Mittelpunkt. Die BeraterInnen werden dementsprechend als Unterstützung für die Beendigung des Leistungsbezugs definiert. Daher kann nicht von einer offenen Beratung ausgegangen werden, die sich dialogisch an den Bedarfen der Menschen orientiert. Für die Durchsetzung einer Arbeitsvermittlung stehen institutionelle Instrumente zur Verfügung (vgl. Betzelt & Bode, 2018).

Daraus ergibt sich, dass Gouvernementalität die Totalität der staatlichen Machtstrukturen umfasst, die die Subjekte gezielt in ihrem Handeln anleiten und beeinflussen. Unter staatlichen Machtstrukturen werden unter anderem Institutionen, Analysen und Praktiken gefasst, die in diesem Sinne eingesetzt werden (vgl. Foucault, 2003).

Damit erfährt Macht eine weitere Perspektive. Eine Durchsetzung eigener Interessen gegen andere Interessen nach Weber wird ergänzt durch eine indirekte Machtausübung nach Foucault (2003).

Demzufolge geht es in der staatlichen Machtausübung nicht nur um das Aufzwingen bestimmter Regeln, sondern auch um die Anleitung der Subjekte, um sie durch Eigenverantwortung zum erwünschten Handeln zu bewegen. Dafür werden Einflussfaktoren und Normen wie die Normalität einer Arbeitstätigkeit eingesetzt. Als Instrument für Gouvernementalität in der Arbeitsverwaltung wird Beratung angenommen, wobei die BeraterInnen die zu Beratenden anhand von Normvorgaben beraten. Demzufolge werden abweichende Verhaltensweisen von zu Beratenden aufgrund fehlender sozialer Akzeptanz und ggf. möglicher sozialer Sanktionsformen vermieden (vgl. Foucault, 2003; Foucault, 1994; Weber, 1979).

In den Beratungen im Jobcenter lässt sich diese Machtstruktur kenntlich machen. Die zu Beratenden sollen eigenverantwortlich eine Arbeitsaufnahme anstreben. Sie werden nicht wertfrei beraten, sondern gezielt, um eine Erwerbstätigkeit zu fördern.

Die Makroebene wird für die Entstehung der Machtkämpfe im Jobcenter verantwortlich gemacht, da diese die Analyse der Machtdiskurse bestimmt und sie in sozialen Strukturen manifestiert. Darunter fällt die Umsetzung des SGB II, die Aktivierungspolitik und Leitmotive wie „Fördern und Fordern", die die Institutionen zu bestimmten Verhaltensweisen bringen bzw. bestimmte Strukturen legitimieren oder auch vorgeben. Die Makroebene definiert Deutungsformen und setzt diese durch, indem diese objektiviert werden und eine Allgemeingültigkeit erhalten. In diesem Kontext geht Keller (2011) davon aus, dass diese Deutungsformen sich gewiss in den Handlungsweisen der AkteurInnen niederschlagen und somit Beratungsstrukturen vorbestimmend konstruieren (vgl. Keller, 2011).

Die Ergebnisse der Fallanalyse sind in Bezug auf das doppelte Mandat, die hybride Organisationsform, Machtdiskurse, Professionalität, Kapitalismus und Gouvernementalität veranschaulicht analysiert und verbunden worden. Diese theoretischen Perspektiven zeigen sich in Beratungsprozessen im Jobcenter XY wieder und bieten Erklärungsversuche für die eingeschränkte Umsetzung dialogischer Grundsätze in Beratungen mit Zwangskontext.

7 Fazit und Ausblick

Die Beratung im Jobcenter befindet sich im Spannungsfeld eines doppelten Mandats. Aus diesem Grund befinden sich BeraterInnen zwischen bedarfsorientierten Maßnahmen und rechtlich-organisatorischen Rahmenbedingungen des Jobcenters. Darunter fallen rechtliche Vorgaben und Ansprüche, Refinanzierungsinteressen und das kategorisierte Beratungskonzept, an denen sie sich zu orientieren haben. Die professionelle Autonomie der Akteure wird dadurch eingeschränkt. Das Beratungsverständnis und das SGB II plädieren für die Stärkung eigenverantwortlichen Handelns der Menschen. In Beratungen soll ihnen dialogisch partizipativ, gleichberechtigt und anerkennend begegnet werden. Die Beratungsfachkräfte sind ebenso für die Vermittlung der zu Beratenden verantwortlich. Für die Umsetzung dieser Aufgabe werden Machtinstrumente legitimiert. Der Zwangskontext in der Beratung macht sich durch eine Verpflichtung von Beratungsangeboten im Rahmen der Mitwirkungspflicht, die Erstellung verbindlicher EGV und in der Prozesskontrollierung bemerkbar. Dadurch können Zielerreichung und Mitwirkung der zu Beratenden im Vermittlungsprozess kontrolliert werden.

Die Erwerbstätigkeit wird in der gegenwärtigen kapitalistischen Gesellschaft als ein normatives Ideal vorgegeben. Auch die Teilhabe an der Gesellschaft wird durch Erwerbsfähigkeit oder Arbeit bestimmt. Ein menschenwürdiges Leben wird mit Arbeitsaufnahme und Beendigung des Leistungsbezuges assoziiert. Diese Definitionsmacht wird in der Beratung übernommen, um die zu Beratenden mit arbeitsvermittelnden Absichten zu beraten.

Die quantitative Ausrichtung der kapitalistischen Gesellschaft und das politische Verständnis von Aktivierung von GrundsicherungsleistungsbezieherInnen erschweren das Erbringen personenbezogener Beratung. Diese rahmen die Beratung ein, wodurch eine offene Orientierung an den Einzelbedarfen kaum umgesetzt wird. Nach den gegenwärtigen politischen, gesellschaftlichen und institutionellen Vorgaben erweist sich eine dialogorientierte Beratung mit einer vollkommenen Ausrichtung an den Einzelfall als unmöglich.

Die Beratungsfachkräfte sind in diesen Spannungsfeldern gefangen. Auf der einen Seite müssen sie einen klaren Auftrag erfüllen, auf der anderen Seite sind sie zum Teil mit dramatischen und komplexen Situationen der zu Beratenden konfrontiert, die den Auftrag der Arbeitsintegration erschweren. Ergebnisoffene Beratung, die auf die Bedürfnisse und Prioritäten der zu Beratenden eingehen kann, ist unter diesen Umständen nur eingeschränkt möglich. Aufgrund der Kategorisierung im Beratungskonzept, die bestimmte persönliche Merkmale der zu Beratenden als vorhanden oder nicht vorhanden erheben lässt, kann ebenso keine ergebnisoffene Beratungshaltung stattfinden. Insgesamt lassen sich Diskrepanzen zwischen Beratungsverständnis und Beratungskonzept feststellen und auch zwischen der quantitativen Dimension die Beratungsleistung und einer Einzelfallorientierung.

Zusammenfassend stellen das doppelte Mandat in der Beratung und die dadurch entstehende hybride Organisationsform BeraterInnen in ein Spannungsverhältnis und Positionierungszwang. Je nach der ausgewählten Positionierung kommen Machtverhältnisse zwischen BeraterInnen und zu Beratenden zum Tragen. Die ausgewählte Positionierung entscheidet auch über eine dialogorientierte Haltung, die im Falle einer machtorientierten Positionierung nicht mehr vorliegt. Die Positionierung an der Durchführung institutioneller Interessen ist mit dem gesellschaftlichen Druck verbunden, die Arbeitslosenquote zu verringern. Die Gesellschaft ist kapitalistisch geprägt, weshalb BeraterInnen unter Druck stehen, ihre Beratungsqualität in Form von Zahlen der Arbeitsaufnahmen zu interpretieren. Die kapitalistische Ausprägung stattet gesellschaftliche Institutionen mit einer spezifischen Form von Macht aus, unerwünschte Verhaltensweisen bei Einzelnen auch durchzusetzen, z.B. durch Zwangs- und Schutzmaßnahmen. Somit schränken diese Aspekte, die sich aus der politischen, öffentlichen und institutionellen Ebene ergeben, die Umsetzung eines dialogischen Ansatzes in der Arbeitslosenberatung ein.

Davon ausgehend, dass die politische Ebene den Rahmen für Beratungen durch Gesetze und Definitionsmacht bestimmt, erarbeiten Betzelt & Bode (2018) eine professionelle Umgangsweise für BeraterInnen. Die folgenden Handlungsempfehlungen sind anhand ExpertInneninterviews herausgearbeitet worden. Demnach sollen BeraterInnen in Maßnahmen der Aktivierungspolitik sowie der Arbeitsverwaltung die Profession als drittes Mandat in den individuellen Interaktionen zwischen BeraterInnen und zu Beratenden mitberücksichtigen. Das sogenannte Triple-Mandat wird als Vorschlag für die Auflösung der Spannungsverhältnisse eingebracht. Die Profession als drittes Mandat soll sicherstellen, dass im Konfliktfall der beiden oben ausführlich dargestellten Mandate eine fachliche und moralisch begründete Entscheidung getroffen werden kann.

Aus der Studie hat sich zudem ergeben, dass wenn die Sozialpolitik die Arbeitsvermittlung als Kerngedanke der Beratung definiert, dabei auch Maßnahmen sozialer Aktivierung einzelfallbezogen versucht zu gestalten und selbstbestimmte Lebensführung der LeistungsbezieherInnen versucht zu fördern, so ergibt sich für diesen unterstützenden und kontrollierenden Ansatz eine wesentliche Grenze, wenn keine Bereitschaft sich helfen zu lassen bei den KlientInnen vorliegt (vgl. Betzelt & Bode, 2018, 313f.). Daraus ergibt sich die Notwendigkeit einer dialogischen Offenheit in Beratungsprozessen, die die zu Beratenden ins Zentrum der Beratung stellt.

Nun wird ein Rückbezug zum Entstehungszusammenhang vorliegender Forschungsarbeit vorgenommen, um damit auf die Anwendungsrelevanz der Forschungsergebnisse hinzuweisen. Der Ausgangspunkt dieser Arbeit ist die erlebte Widersprüchlichkeit zwischen dem dialogischen Beratungsverständnis und der Beratungspraxis im Jobcenter XY. Diese Widersprüchlichkeit wird in vorliegender Fallanalyse bestätigt. Die Umsetzungseinschränkungen einer dialogischen Haltung werden anhand der Analyse verdeutlicht. Diese Einschränkungen ergeben sich durch das schematisierte und formalisierte Beratungskonzept und die Aktivierungspolitik, die feste Beratungsergebnisse erwartet und normative Vorstellungen vorgibt.

Die empirischen Arbeit hat in erster Linie Anwendungsrelevanz für die Führungsebene des Jobcenter XY. Die aufgezeigten Widersprüchlichkeiten zwischen Beratungsverständnis, Beratungskonzept und Beratungspraxis dienen als Evaluationsgrundlage für eine mögliche Fortschreibung des Beratungskonzeptes. Diese Forschungsarbeit hat aufgezeigt, inwiefern das Konzept in der Beratungspraxis umsetzbar ist und an welchen Stellen sich Einschränkungen ergeben. Die Untersuchung kann somit zur qualitätsverbessernden Orientierung der Arbeitslosenberatung beitragen, da sie im Kern der Beratung Widersprüchlichkeiten gezeigt hat. Andererseits wurde deutlich, dass der dialogische Beratungsansatz im Kontext von Arbeitsverwaltung Umsetzungsgrenzen aufzeigt.

Zusätzlich richtet sich die Forschungsarbeit an die PraktikerInnen in den Jobcentern, die in formalisierten Rahmungen eine bedarfsorientierte Beratungsarbeit leisten müssen. Mit dieser Studie werden Grenzen einer dialogischen KlientInnenorientierung und die dahinterstehenden politischen, gesellschaftlichen, öffentlichen und institutionellen Strukturen aufgedeckt.

Ferner richtet sich diese Untersuchung auch an andere Beratungsbereiche mit amtlichem Charakter, die formalisierten Beratungsprozessen entsprechen sollen und gleichzeitig einzelfallorientierte Arbeit anstreben. Ein Transfer der Ergebnisse in andere beraterischen Kontexte mit kommunikativen Belastungssituationen ist unschwer möglich.

8 Literaturverzeichnis

Battilana, Julie, Dorado, Silvia (2010): Building Sustainable Hybrid Organizations: The Case of Commercial Microfinance Organizations. Academy of Management Journal 6:1419-1440.

Becker-Lenz, Roland (2013): Professionalität in der Sozialen Arbeit. Standpunkte, Kontroversen, Perspektiven. 3. Aufl. 2013. Hg. v. Stefan Busse, Gudrun Ehlert und Silke Müller-Hermann. Wiesbaden: VS Verlag für Sozialwissenschaften; Imprint (Edition Professions- und Professionalisierungsforschung, 2).

Begemann, Ernst (2001): Wirklichkeit als Dialog. Beobachtungen von Pädagogen, Psychologen, Philosophen und Physikern. Weinheim: Beltz Verlag (Beltz Wissenschaft).

Behse-Bartels, Grit (Hg.) (2009): Subjektivität in der qualitativen Forschung. Der Forschungsprozess als Reflexionsgegenstand. Opladen, Farmington Hills, Mich.: Barbara Budrich (Studien zur qualitativen Bildungs-, Beratungs- und Sozialforschung ZBBS-Buchreihe).

Betzelt, Sigrid, Bode, Ingo (2018): Angst im neuen Wohlfahrtsstaat. Kritische Blicke auf ein diffuses Phänomen. Baden-Baden: Nomos Verlagsgesellschaft (HWR Berlin Forschung (vormals: fhw forschung [Fachhochschule für Wirtschaft]), v. 64).

Bolte, Angelika, Göbel, Mathias, Göckler, Rainer, Lohmann, Birgit, Raith, Andrea, Reiche, Inge und Wettlaufer, Antje (2012): Beratung zwischen Fördern und Fordern. Supervision und Coaching. Kassel: Kassel University Press (Reihe 5 – Dokumente zu Supervision und Beratung).

Bortz, Jürgen, Döring, Nicola (2015): Forschungsmethoden und Evaluation für Human- und Sozialwissenschaftler. Mit 87 Tabellen. 4., überarb. Aufl., limitierte Sonderausg. Berlin: Springer (Springer-Lehrbuch).

Böhringer, Daniela (2012): Den Fall bearbeitbar halten. Gespräche in Jobcentern mit jungen Menschen. Opladen: Budrich (Rekonstruktive Forschung in der Sozialen Arbeit, 13).

Breuer, Franz, Muckel, Petra, Dieris, Barbara (2018): Reflexive Grounded Theory. Eine Einführung in die Forschungspraxis. 3. Auflage. Wiesbaden: Springer Verlag.

Buber, Martin (1997): Ich und Du. 13. Aufl. Heidelberg: Schneider.

Buber, Martin (2009): Das dialogische Prinzip. 13. Aufl. Gütersloh: Gütersloher Verl.-Haus.

Diekmann, Andreas (2018): Empirische Sozialforschung. Grundlagen, Methoden, Anwendungen. Originalausgabe, vollständig überarbeitete und erweiterte Neuausgabe, 12. Auflage. Reinbek bei Hamburg: Rowohlt Taschenbuch Verlag (Rororo, Rowohlts Enzyklopädie).

Dittmar, Vera (2016): Arbeitsmarktintegration für Migranten fördern. Potenziale der Jobcenter. Bielefeld: W. Bertelsmann Verlag.

Evers, Adalbert, Ewert, Benjamin (2010). Hybride Organisationen im Bereich sozialer Dienste. Ein Konzept, sein Hintergrund und seine Implikationen. In: Klatetzki, Thomas (Hg.): Hybride Organisationen im Bereich sozialer Dienste. Ein Konzept, sein Hintergrund und seine Implikationen. Springer. S. 103-128.

Fehlau, Eberhard G. (2009): Konflikte im Beruf. Erkennen, lösen, vorbeugen. [Online-Ausg.]: Rudolf Haufe Verlag.

Flick, Uwe, Kardorff, Ernst von, Steinke, Ines (Hg.) (2017): Qualitative Forschung. Ein Handbuch. 12. Auflage. Reinbek bei Hamburg: Rowohlt Taschenbuch Verlag (Rororo, 55628: Rowohlts Enzyklopädie).

Foucault, Michel (1994): Überwachen und Strafen. Die Geburt des Gefängnisses. Frankfurt a. M.: Suhrkamp.

Foucault, Michel (2003): Dits et Ecrits. Schriften: Band III, 1979-1979, in Dits et Ecrits Schriften, hrsg. v. Defert, Daniel, Ewald, Francois. Frankfurt a. M.: Suhrkamp.

Foucault, Michel (2005): Dits et Ecrits. Schriften: Band IV, 1980-1988, in Dits et Ecrits. Schriften, hrsg. v. Defert, Daniel, Ewald, Francois. Frankfurt a. M.: Suhrkamp.

Foucault, Michel (2008): Dispositive der Macht. Über Sexualität, Wissen und Wahrheit. Berlin. Merve Verlag.

Fuchs-Heinritz, Werner u.a. (Hrsg.) (2007): Lexikon zur Soziologie. 4. grundlegend überarbeitete Auflage. Wiesbaden: Merve Verlag.

Fuhr, Reinhard, Gremmler-Fuhr, Martina, Fuhr, Martina Gremmler (1991): Dialogische Beratung. Person, Beziehung, Ganzheit. Köln: Edition Humanistische Psychologie.

Glänzel, Gunnar, Schmitz, Björn (2012): Hybride Organisationen – Spezial- oder Regelfall? In: Anheier, Helmut, Schröer, Andreas, Then, Volker (Hg.): Soziale Investitionen. Interdisziplinäre Perspektiven. Wiesbaden: Springer. S. 181-203.

Göckler, Rainer (2009): Beratung im Sanktionskontext. Sanktionsgespräche in der Grundsicherung für Arbeitsuchende; Theorie und Praxis der Umsetzung. Tübingen: Dgvt-Verl. (Beratung, 11).

Göckler, Rainer (2014): Beschäftigungsorientiert beraten und vermitteln. Standards für die Arbeitsförderung (SGB III) und Grundsicherung (SGB II). Stand: Januar 2014. Regensburg: Walhalla-Fachverl.

Göckler, Rainer (2015): Beschäftigungsorientiertes Fallmanagement. Betreuung und Vermittlung in der Grundsicherung für Arbeitsuchende (SGB II); Case Management in der Praxis. 5., aktualisierte Auflage. Regensburg: Walhalla-Fachverl.

Grimmer, Bettina (2018): Folgsamkeit herstellen. Bielefeld: Transcript Verlag.

Guggemos, Peter, Müller, Monika, Rübner, Matthias (Hg.) (2014): Herausforderungen und Erfolgsfaktoren beschäftigungsorientierter Beratung. Beiträge aus der Beratungsforschung. Neue Ausg. Landau in der Pfalz: Verlag Empirische Pädagogik (Bildung, Arbeit, Beruf und Beratung, Bd. 3).

Krause, Hans Ullrich, Rätz-Heinisch, Regina (2009): Soziale Arbeit im Dialog gestalten. Theoretische Grundlagen und methodische Zugänge einer dialogischen Sozialen Arbeit. Opladen: Budrich.

Heidig, Jörg, Schmidt, Matthias, Jäkel, Ina, Zips, Benjamin (2015): Gesprächsführung im Jobcenter: über die Kunst, wirksam zu beraten und gesund zu bleiben. Motivation, Burnout und Selbstsorge. Unter Mitarbeit von Jörg Heidig, Matthias Schmidt, Ina Jäkel und Benjamin Zips. Bergisch Gladbach: EHP (EHP Kompakt).

Helfferich, Cornelia (2011): Die Qualität qualitativer Daten. 4. Aufl. Wiesbaden: VS Verlag für Sozialwissenschaften / Springer Fachmedien Wiesbaden GmbH, Wiesbaden.

Hielscher, Volker, Ochs, Peter (2011): Arbeitslose als Kunden? Beratungsgespräche in der Arbeitsvermittlung zwischen Druck und Dialog. 2., unveränd. Aufl. Berlin: Ed. Sigma (Eine Studie der Hans-Böckler-Stiftung, 32).

Hielscher, Volker, Ochs, Peter (2009): Das prekäre Dienstleistungsversprechen der öffentlichen Arbeitsverwaltung. In: Silke Bothfeld, Werner Sesselmeier und Claudia Bogedan (Hg.): Arbeitsmarktpolitik in der sozialen Marktwirtschaft. Vom Arbeitsförderungsgesetz zum Sozialgesetzbuch II und III. Wiesbaden: VS Verlag für Sozialwissenschaften. S. 178-190.

Kantel, Heinz-Dieter (2008): Grundsicherungsarbeit. Armuts- und Arbeitsmarktpolitik nach Hartz IV. 1. Aufl. Wiesbaden: VS, Verl. für Sozialwiss.

Keller, Reiner (2011): Diskussionsforschung. Eine Einführung für SozialwissenschaftlerInnen. 4. Auflage. Wiesbaden: VS, Verlag für Sozialwissenschaften.

Kessler, Stefanie (2016): Subjektivität im Forschungsprozess. In: Deichmann, Carl, May, Michael (Hg.): Politikunterricht verstehen und gestalten. Springer. S. 201-216.

Krasney, Otto Ernst, Udsching, Peter, Groth, Andy (2016): Handbuch des sozialgerichtlichen Verfahrens. Systematische Gesamtdarstellung mit zahlreichen Beispielen und Mustertexten. 7., völlig neu bearbeitete Auflage. Berlin, Saarbrücken: Erich Schmidt Verlag; Juris GmbH.

Krause, Hans Ullrich, Rätz-Heinisch, Regina (Hg.) (2009): Soziale Arbeit im Dialog gestalten. Theoretische Grundlagen und methodische Zugänge einer dialogischen Sozialen Arbeit. Opladen: Budrich.

Kruse, Jan, Weber, Kristina-Maria, Dresing, Thorsten, Pehl, Thorsten, Schmieder, Christian (2015): Qualitative Interviewforschung. Ein integrativer Ansatz. 2., überarbeitete und ergänzte Auflage. Weinheim, Basel: Beltz Juventa (Grundlagentexte Methoden).

Ludwig-Mayerhofer, Wolfgang, Behrend, Olaf und Sondermann, Ariadne (2009): Auf der Suche nach der verlorenen Arbeit. Arbeitslose und Arbeitsvermittler im neuen Arbeitsmarktregime. Konstanz: UVK Verlagsgesellschaft.

Mayer, Horst O. (2008): Interview und schriftliche Befragung. 4., überarb. und erw. Aufl. München: Oldenbourg.

Meuser, Michael, Nagel, Ulrike (1991): Experteninterview. In: Garz, D., Krainer, K. (Hg.): Qualitativ-empirische Sozialforschung. Opladen, S. 441471.

Meuser, Michael, Nagel, Ulrike (2009): Das Experteninterview - konzeptionelle Grundlagen und methodische Anlage. In: Pickel, Susanne, Pickel, Gerd, Lauth, Hans-Joachim, Jahn, Detlef (Hg.): Methoden der vergleichenden Politik- und Sozialwissenschaft. Neue Entwicklungen und Anwendungen. Wiesbaden, S. 465-479.

Molle (2019): Würdigung und Arbeitslosigkeit: Springer Fachmedien Wiesbaden.

Moos, Gabriele, Rothermel, Uta, Konrad, Matthias (2014): Beratung im Jobcenter. Unter Mitarbeit von Gabriele Moos, Uta Rothermel, Matthias Konrad und Klaus Titz. Berlin: Dt. Verein für Öffentliche und Private Fürsorge (Archiv für Wissenschaft und Praxis der sozialen Arbeit, Jg. 45, Nr. 4).

Muth, Cornelia, Nauerth, Annette (2008): Dialog und Diagnostik. Ein praxisorientiertes Handbuch für Lehrende. Wien: Facultas-WUV.

Oevermann, Ulrich (2001): Die Struktur sozialer Deutungsmuster - Versuch einer Aktualisierung. In: Zeitschrift für hermeneutische Sozialforschung. S. 35-81.

Olejniczak, Michael (2010): Aktive Leistungen nach dem SGB II als Dienstleistungsprozess. Eine qualitative Analyse der Hartz-IV-Reform auf Basis von Interviews mit Betroffenen. 1. Auflage. Mering: Rainer Hampp Verlag.

Pache, Anne-Claire, Santos, Filipe (2010): Inside the hybrid organization: An organizational level view of responses to conflicting institutional demands. ESSEC Working paper 11001.

Petersen, Crina M., Schiermann, Christiane, Weber, Peter C. (2014): Professionell beraten: Kompetenzprofil für Beratende in Bildung, Beruf und Beschäftigung. Berlin: W. Bertelsmann Verlag.

Przyborski, Aglaja, Wohlrab-Sahr, Monika (2012): Qualitative Sozialforschung. Ein Arbeitsbuch. 3., korrigierte Aufl. München: Oldenbourg (Lehr- und Handbücher der Soziologie).

Rätz, Regina, Schröer, Wolfgang, Wolff, Mechthild (2009): Lehrbuch Kinder- und Jugendhilfe. Grundlagen, Handlungsfelder, Strukturen und Perspektiven. Weinheim [u.a.]: Juventa-Verl. (Studienmodule Soziale Arbeit).

Reichertz, Jo (2015): Die Bedeutung der Subjektivität in der Forschung. In: Zeitschrift Forum Qualitative Sozialforschung. ISSN 1438-5627.

Reichertz, Jo (2016): Qualitative und interpretative Sozialforschung. Eine Einladung. 1. Aufl. 2016. Wiesbaden: Springer Fachmedien Wiesbaden GmbH; Springer VS (Studientexte zur Soziologie).

Rosenthal, Gabriele (2015): Interpretative Sozialforschung. Eine Einführung. 5., aktualisierte und ergänzte Auflage. Weinheim, Basel: Beltz Juventa (Grundlagentexte Soziologie).

Rudolph, Clarissa und Niekant, Renate (2007): Hartz IV. Zwischenbilanz und Perspektiven. Münster: Westfälisches Dampfboot (Arbeit, Demokratie, Geschlecht, Bd. 5).

Schnoor, Heike (Hg.) (2013): Psychosoziale Beratung im Spannungsfeld von Gesellschaft, Institution, Profession und Individuum. 1. Aufl. Göttingen: Vandenhoeck et Ruprecht.

Sowa, Frank, Staples, Ronald (Hg.) (2017): Beratung und Vermittlung im Wohlfahrtsstaat. 1. Auflage 2017. Baden-Baden: Edition Sigma in der Nomos Verlagsgesellschaft.

Staub-Bernasconi, Silvia (2007): Vom beruflichen Doppel- zum professionellen Tripelmandat – Wissenschaft und Menschenrechte als Begrün dungsbasis der Profession Soziale Arbeit, In: 16 Sozialarbeit in Österreich (SIÖ).

Strübing, Jörg (2013): Qualitative Sozialforschung. Berlin: De Gruyter.

Tiefel, Sandra (2004): Beratung und Reflexion. Eine qualitative Studie zu professionellem Beratungshandeln in der Moderne. Wiesbaden: VS Verlag für Sozialwissenschaften.

Vormbusch, Uwe (2004): Accounting. Die Macht der Zahlen im gegenwärtigen Kapitalismus. In: Fachzeitschrift für Soziologie und ihre Randgebiete mit Beiträgen zum aktuellen Diskurs und zu Klassikern der Soziologie. S. 33-50.

Weber, Max (1972): Wirtschaft und Gesellschaft. Grundriß der verstehenden Soziologie. Erste Auflage veröffentlicht 1921/1922, (Online-Quelle), 3. Aufl. 1947 (Faksimile bei Gallica) bzw. 5. Aufl., Tübingen 1972 ff.

Wendt, Peter-Ulrich (2017): Lehrbuch Methoden der Sozialen Arbeit. 2., überarbeitete Auflage. Weinheim, Basel: Beltz Juventa (Studienmodule Soziale Arbeit).

Zahradnik, Franz (2018): Junge arbeitslose Männer in der Sanktionsspirale. 1. Auflage. Weinheim, Basel: Beltz Juventa (Soziale Probleme Soziale Kontrolle).

DIALOGISCHES LERNEN

Herausgegeben von Cornelia Muth

ISSN 1614-4643

1 *Cornelia Muth*
Willst Du mit mir gehen, Licht und Schatten verstehen?
Eine Studie zu Martin Bubers Ich und Du
Zweite erweiterte und verbesserte Auflage
ISBN 3-89821-537-7

2 *Susanna Matt-Windel*
Werden am Du – Dialogik in der Eltern-Kleinkind-Beratung
Ein philosophisch-pädagogisches Handlungskonzept nach der Dialogphilosophie Martin Bubers am Beispiel der interaktionellen Eltern-Kleinkind-Beratung
ISBN 3-89821-374-9

3 *Sabine Peter*
Schritte auf dem Weg zum Miteinander in der multikulturellen Gesellschaft Interkulturelle Gärten
Eine psychologisch-dialogphilosophische Perspektive
ISBN 3-89821-464-8

4 *Andrea Förster*
Tiere als Therapie – Mythos oder Wahrheit
Zur Phänomenologie einer heilenden Beziehung mit dem Schwerpunkt Mensch und Pferd
ISBN 3-89821-421-4

5 *Koffi Abah Edem, Jan Großwinkelmann, Yvonne Kahlert, Susanna Matt-Windel, Cornelia Muth, Sabine Peter*
Im Vertrauen und in Verantwortung – 10 Jahre dialogische Pädagogik
ISBN 3-89821-577-6

6 *Stephan J. Harms*
Menschenbilder und Typologie
Kategorien neurotischer Motivationsstrukturen als Orientierungshilfe in der sozialen Arbeit
Chancen und Risiken
ISBN 3-89821-703-5

7 *Susanne Mariyam Hüser-Granzow*
Kunst statt Strafe
Eine dialogische Betrachtung der ästhetischen Arbeit in der Sozialen Arbeit am Beispiel einer Bildhauerwerkstatt für straffällig gewordene Jugendliche
ISBN 978-3-89821-747-7

8 *Thomas Schwenk*
Sport und Bewegungserziehung in der Suchtarbeit
Sozialpädagogische und dialogisch-philosophische Aspekte in der Suchtprävention und Behandlung von Kindern und Jugendlichen
ISBN 978-3-89821-785-9

9 *Cornelia Muth*
Hilfe, ich bin mobil und heimatlos!
Zur Hauslosigkeit postmoderner Menschen
Mit einem Beitrag von Jan Großewinkelmann und Zeichnungen von Miriam Helfer
ISBN 978-3-89821-880-1

10 *Tanja Dräger*
Gender Mainstreaming im Kindergarten
ISBN 978-3-89821-869-6

11 *Dörthe Sontag*
Die modernen Kommunikationsmittel und das Dialogische Prinzip
Bedrohung und Chance für unser Menschsein?
Eine dialogphilosophische Reflexion unserer zwischenmenschlichen Beziehungen im Zeitalter der Mediatisierung
ISBN 978-3-89821-893-1

12 *Isabel Diener*
Lehren und Lernen in offenen Arbeitsformen
Eine Diskussion über die Verwendung von offenen Arbeitsformen im Unterricht am Beispiel einer Pädagogik der Menschenrechte
ISBN 978-3-89821-976-1

13 *Cornelia Muth (Hrsg.)*
„dann kann man das ja auch mal so lösen!“
Auswertungsinterviews mit Kindern und Jugendlichen nach Trainings zur Gewaltfreien Kommunikation
ISBN 978-3-8382-0120-7

14 *Cornelia Muth*
Der Mensch zwischen Gut und Böse
Mit Texten von Martin Buber über das Böse nachsinnen
ISBN 978-3-8382-0340-9

15 *Cornelia Muth*
Von der interkulturellen Erfahrung zur transkulturellen Begegnung – und zurück
ISBN 978-3-8382-0350-8

16 *Cornelia Muth (Hrsg.)*
Ein Wegweiser zur dialogischen Haltung
Dialogische Praxisforschung in Arbeitsfeldern von Sozialer Arbeit und Pädagogik der Kindheit
ISBN 978-3-8382-0520-5

17 *Stefan Bockshecker, Dejan Kibbert*
Profession und Haltung in der Sozialen Arbeit
ISBN 978-3-8382-0789-6

18 *Nicole Pankoke, Silvia Röben*
Grenz-Räume dialogischer Bildung
Zwei Denkbewegungen
ISBN 978-3-8382-0798-8

19 *Nojin Malla Mirza*
Dialogische Ansätze in der Arbeitslosenberatung
Eine empirische Studie zu Grenzen und Perspektiven
ISBN 978-3-8382-1437-5

ibidem.eu